抗日战争时期中国人口伤亡和财产损失调研丛书

主　编　李忠杰

副主编　李　蓉　姚金果
　　　　霍海丹　蒋建农

青海省抗日战争时期人口伤亡和财产损失

青海省委党史研究室　编

中共党史出版社

图书在版编目(CIP)数据

青海省抗日战争时期人口伤亡和财产损失/青海省委党史研究室编．
—北京:中共党史出版社,2015.6
(抗日战争时期中国人口伤亡和财产损失调研丛书/李忠杰主编)
ISBN 978-7-5098-3118-2

Ⅰ.①青… Ⅱ.①青… Ⅲ.①抗日战争－损失－史料－青海省
Ⅳ.①K265.06

中国版本图书馆 CIP 数据核字(2015)第 121586 号

出版发行:**中共党史出版社**
责任编辑:陈海平
复　　审:姚建萍
终　　审:汪晓军
责任校对:龚秀华
责任印制:谷智宇
责任监制:贺冬英
社　　址:北京市海淀区芙蓉里南街6号院1号楼
邮　　编:100080
网　　址:www.dscbs.com
经　　销:新华书店
印　　刷:北京君升印刷有限公司
开　　本:170mm×240mm　1/16
字　　数:157 千字
印　　张:9.25
印　　数:1－3000 册
版　　次:2015 年 6 月第 1 版
印　　次:2015 年 6 月第 1 次印刷

ISBN 978-7-5098-3118-2
定　　价:22.00 元

此书如有印制质量问题,请与中共党史出版社出版业务部联系
电话:010－82517197

《抗日战争时期中国人口伤亡和财产损失调研丛书》

本课题在中共中央党史研究室室委会领导下进行。先后三位时任主任孙英、李景田、欧阳淞对本课题给予了重要指导。

主　编　李忠杰

副主编　李　蓉　姚金果　霍海丹　蒋建农

参加审稿的领导和专家：

一、中共中央党史研究室领导和专家

曲青山　孙　英　龙新民　陈　威　石仲泉
谷安林　张树军　黄小同　黄如军　李向前
陈　夕　任贵祥　郑　谦　王　淇　黄修荣
刘益涛　韩泰华

二、有关部门和单位的专家

李景田（第十二届全国人大常委、民族委员会主任委员；中共中央党史研究室原主任；中共中央党校原常务副校长）

何　理（中国人民解放军国防大学少将、教授、中国抗日战争史学会会长）

支绍曾（中国人民解放军军事科学院少将、原军事历史研究部副部长、研究员）

罗焕章 （中国人民解放军军事科学院研究员）

刘庭华 （中国人民解放军军事科学院原军事历史研究部研究室主任、研究员、博士生导师、首席军史专家）

阮家新 （中国人民革命军事博物馆原副馆长、研究员）

步 平 （中国社会科学院近代史研究所原所长、研究员）

汤重南 （中国社会科学院世界历史研究所研究员、中国日本史学会名誉会长）

姜 涛 （中国社会科学院近代史研究所研究员）

荣维木 （《抗日战争研究》原主编）

郭德宏 （中共中央党校党史教研部原主任、教授、博士生导师）

肖一平 （中共中央党校党史教研部教授）

杨圣清 （中共中央党校党史教研部教授）

李东朗 （中共中央党校党史教研部教授、博士生导师）

徐 勇 （北京大学历史系教授、博士生导师）

李良志 （中国人民大学中共党史系教授）

王桧林 （北京师范大学教授、博士生导师）

谢忠厚 （河北省社会科学院原现代史研究所所长、历史研究所顾问、研究员）

中共中央党史研究室课题组成员

李忠杰　霍海丹　李 蓉　姚金果　李 颖
王志刚　王树林　杨 凯

《抗日战争时期中国人口伤亡和
财产损失调研丛书》

总　序

中共中央党史研究室副主任　李忠杰

　　发生在 20 世纪三四十年代的中国人民抗日战争，是中华民族抵抗日本帝国主义侵略的一场规模巨大的战争，是世界反法西斯战争的重要组成部分和东方主战场，是近代以来中国反对外敌入侵第一次取得完全胜利的民族解放战争。中国人民抗日战争的胜利，成为中华民族由衰败走向振兴的重大转折点，也对世界各国人民取得反法西斯战争的胜利、争取世界和平的伟大事业产生了巨大影响。

　　这场战争，作为世界反法西斯战争的一部分，从根本上来说，是反法西斯正义力量与法西斯侵略势力之间的一场大决战，是文明与野蛮的一场大搏斗。日本侵略者，站在法西斯阵营一边，不仅与中国人民为敌，而且与世界人民为敌，肆意践踏人类的公理和正义，企图以残暴杀戮的手段，将中华民族置于自己的铁蹄之下。日本侵略者先后占领了中国、东南亚、南亚、大洋洲许多国家的领土，杀害居民，掠夺物资，强征劳工，施放毒气，蹂躏妇女和儿童，毁坏和窃取文物，造成了大量人员和财产的损失，给中国人民和亚洲其他许多国家人民留下了巨大的创伤，给世界文明造成了空前的破坏。

　　中国是受战争摧残最为严重的国家。从 1931 年到 1945 年的 14 年间，日本侵略者先后占领了东北、华北、华中、华南等大片中国最重要的经济政治文化战略地区。在整个战争进程中，日军到处屠杀、焚烧、抢掠、奸淫，使中国人民的生命财产惨遭蹂躏；大量使用生化武器，进行残酷的细菌战和化学战；把大批中国平民和俘虏当作细菌和毒气的试验品；对无辜的中国平民施放毒气，或在河流、湖泊、水井中投毒；掠走大批中国劳工，强迫他们筑路、开矿、拓荒，从事大型军事工程，使其大批冻、饿、病、累而死；强征中国妇女作为"慰安妇"，严重残害妇女的身心健康；对抗日根据地实行"烧光、杀光、抢光"政策，企图摧毁抗战军民起码的生存条件；在许多地方还制造了一系列触目惊心的大惨案。直至今天，日本侵略所造成的后果还难以完全消除，日军遗留的毒气弹还不时地威胁着中国人民的生命安全。

日本侵略者的罪行，违背了起码的人类良知和国际公法，不仅是对人权和人道主义的践踏，而且是对人类文明的挑战。它决不是如某些日本右翼分子所说是解放亚洲和太平洋地区人民的行动，而是亚洲和太平洋地区历史上最黑暗的一幕，是人类文明史上的一场浩劫。第二次世界大战结束后，根据《波茨坦公告》的规定，远东国际军事法庭在东京对日本首要战犯进行了国际审判，确认侵略战争为国际法上的犯罪，策划、准备、发动或进行侵略战争者为甲级战犯。此外，盟军还在马尼拉、新加坡、仰光、西贡、伯力等地，对日本的乙、丙级战犯进行了审判。中国也先后对日本的有关战犯进行了审判。这些审判，与欧洲的纽伦堡审判一起，使发动侵略战争的罪犯受到了应有的惩处，代表了全世界一切爱好和平人民的共同愿望。这是正义的审判，历史的审判！这一审判的结果是不容挑战的！

策划和制造当年这场战争的，是一小撮日本军国主义和法西斯分子。而日本人民，从根本上来说，也是受害者。所以，日本人民也用不同方式对这场战争进行了抵制和反抗。不少参加侵华战争的士兵认识到战争的性质，幡然悔悟，积极参加了国际和日本国内的反战活动。战后，很多人勇敢面对历史事实，以见证人的身份揭露了日本军国主义的罪行。还有很多当年的士兵,真诚忏悔战争的罪行,以实际行动推动世界和平和中日友好,做了很多有益的工作。他们的良知和勇气,应该得到充分的肯定和赞赏。

相反,日本国内一些右翼势力,直到今天仍然否认侵略战争的性质和罪行,竭力推卸侵略战争的责任。对早已由当年远东国际军事法庭作出严正判决的南京大屠杀一案,始终企图翻案。历史不容改变,事实岂能抹杀!企图歪曲历史,掩盖罪行,这是中国人民绝对不能同意的!

中国人民在当年那场战争中的胜利,是正义战胜邪恶、光明战胜黑暗、进步战胜反动的伟大胜利!是正义的胜利、人民的胜利、和平的胜利!既是中华民族永远值得纪念的胜利,也是世界人民永远值得纪念的胜利!但是,在纪念胜利的同时,我们不要忘记,这一胜利是用极为惨重的代价换来的。在这一伟大胜利的背后,是中华民族遭受的巨大人员伤亡和财产损失!中华民族,既为这场战争的胜利作出了巨大的贡献,也在这场战争中付出了巨大的民族牺牲。

1995 年,江泽民同志在首都各界纪念抗日战争暨世界反法西斯战争胜利50 周年大会上,对当年日本侵略中国造成巨大人口伤亡和财产损失的基本数据作出了重要表述。2005 年,胡锦涛同志在纪念中国人民抗日战争暨世界反法西斯战争胜利60 周年大会的讲话中,再次郑重宣布,据不完全统计,在抗日战争期间,中国军民死伤3500 多万人;按1937 年的比值折算,中国直接经济损失1000 多亿美元,间接经济损失5000 多亿美元。中国领导人公开宣布的基本数据,从整体上揭示了中国人口伤亡和财产损失的规模,有力地揭露了日本军国主义侵略的罪行。

数据,是历史的抽象。数据的背后,是大量的事实、确凿的证据,是无数人们的惨痛记忆和血泪控诉。为了更直接、更具体、更全面、更系统、更立体地还原当年的历史，展示中国人民遭受的灾难和损失，揭露日本军国主义的罪行，驳斥日本右翼势力否认侵略罪行的种种言论，我们必须通过更多档案资料的展示、历史文书的挖掘、具体事实的考查、当事人的证词证言、各种各样的物证书证，等等，将侵略者的罪行昭告天下。因此，作为炎黄子孙，作为郑重的历史工作者，有必要、有责任、有义务、也有权利对战争期间中国的人口伤亡和财产损失进行更加系统、详尽、具体的调查研究，将当年中国人民的巨大牺牲和惨重损失永远地记载下来。

这项调查研究工作，本来在抗日战争结束之后，或者在新中国成立时，就应该进行。但由于种种历史原因，未能系统、全面地进行。由于年代久远，资料散失，在世的证人越来越少，现在进行这方面的调查和研究已经有很大困难。但是，无论早晚，这项工作总得有人来做。现在才做，已经晚了几十年。但如果现在再不做，将来就更晚，也更困难了。所以，无论再困难，做，都是必要的。做好这项调研，是对历史负责、对人民负责、对当年的牺牲殉难者负责、对我们的子孙后代负责。根本上，是对整个中华民族负责，也是对国际社会和人类文明负责。

因此，2004 年，中央党史研究室决定开展《抗日战争时期中国人口伤亡和财产损失》的课题调研。从 2005 年开始，组织全国党史部门围绕这一重大课题，开展了系统深入的调研工作。其基本任务，是按照实事求是的原则，调查更加详实、有力、具体、准确的档案、材料、事实，更加清楚准确地掌握日本军国主义的侵略罪行，更加清楚准确地掌握日本侵略在各个不同领域、地区和方面对中国造成的破坏和损失。其中包括：各个省、自治区、直辖市在抗战中的人口伤亡和财产损失情况；历次重大战役战斗中中国军队伤亡的情况；日本从中国掠走各种资源的情况；日本从中国掠走和破坏文物的情况；日军在中国制造的一系列重大惨案；中国劳工的损失情况；中国妇女遭受日军性侵犯的情况，包括"慰安妇"的情况；日军在中国使用细菌武器、化学武器及其造成伤害的情况；日本侵略在其他方面给中国造成破坏的情况；等等。

课题调研的整体布局，实行块块和条条的结合。每个省、自治区、直辖市党史研究室，主要负责把本区域内的情况调查清楚。也可根据实际情况，选择一些重点，进行专题性的调研，形成专题性的研究成果。一些重要专题，单靠某个省（自治区、直辖市）做不了，就采取条条的办法，组织专题性的调研。还有一些，则是条条与块块相结合。如毒气，日军在不同区域使用过，有关的省（自治区、直辖市）都调查。但作为一个专题，由相关的区域进行协调，配合开展调研工作，并形成专项的调研成果。如劳工、性侵犯等，就大致属于这种类型。

课题调研的方式方法，主要是查阅和搜集档案文献资料，包括不同历史时期的统计报表。同时查阅当时有关的报刊资料，查阅多年来涉及有关地方、有关课题的研究成果。对一些特殊的重大事件，特别是重大惨案等，也同时进行社会调查，对当事人、知情人、有关研究人员等进行走访，记录证词证言。对于特别重要的事件，有条件的，还进行必要的司法公证，如南京大屠杀、潘家峪惨案等，使这些调查都成为在法律上可以采信的证据。根据需要与可能，也到国外境外包括台湾地区查阅搜集档案资料。

中央党史研究室进行了大量组织和指导工作。在课题确定前，首先进行了必要的论证，得到了许多专家的支持。随后，制定了详细的工作方案，向各省、自治区、直辖市党史研究室发出正式通知和实施意见，明确了工作的指导思想、组织领导、调研项目、工作步骤、基本要求、注意事项等等。为了提高认识、振奋精神，交流经验，落实措施，专门召开了工作培训会议，就课题的总体规划、调研方法、需要把握的问题等，作了全面部署，特别是提出了把调研工作做成"基础工程、精品工程、警世工程、传世工程"的要求。多年来，一直分阶段、有步骤地把这项课题调研推向前进。有关领导和专家分别到各地参加会议，指导培训，提出要求，统一规格，解答疑难问题。在调研过程中，随时就有关问题进行具体指导。工作班子及时编发简报和简讯，交流情况和经验。

各级党委和政府高度重视。多数地方成立了由党史研究室领导负责的课题组。各地先后召开工作会议、电话会议等，培训人员，落实任务。许多地方形成了由党史研究室牵头，档案、民政、财政、司法、地方志、社科院以及高校等部门单位联合攻关的局面，保证了调研工作扎扎实实、有计划有步骤地向前推进。

《抗日战争时期中国人口伤亡和财产损失》课题调研先后经历了六个阶段。第一，酝酿启动。第二，全面调研。这是最重要的阶段。各地组织专门人员，查询档案，实地走访，搜集了大量资料。第三，起草报告。凡参加调研的县以上单位，都要在搜集整理、考证研究档案文献资料和进行实地调查的基础上，写出调研报告，全面、准确地反映调研成果。同时，将调研中搜集的档案文献资料进行分类整理，制作统计表、大事记和人员伤亡名录等。第四，分级验收。为保证调研成果的科学性、准确性、严肃性，各省、自治区、直辖市调研报告都要经过四级验收。首先由课题领导小组审查通过，然后聘请所在省份资深专家审读验收，合格后报送中央党史研究室课题组。中央党史研究室课题组审读各省、自治区、直辖市的调研报告及相关调研成果，认为合格后，再聘请有全国影响的专家审读，写出书面意见并亲笔署名。根据审读意见，各地都要反复认真进行修改，只有达到规定要求才能通过验收。第五，上报成果。完成调研工作的省、自治区、直辖市，都按统一要求，将调研中收集的档案文献资料等所有文件，精心整理，分类成册，向中央党史研究室提交调研成果。各市县也要逐级向省级报送。第六，反复审核。中央党史研究室召开审稿会，组织各省、自治区、直辖市按照标准自审，相互间互审，将各种材料进行比对，将有关数据核实，解决带有共性的问题，进一步统一标准、统一规范、统一格式。

这项课题调研，作为一项浩大的工程，到目前为止，进行了将近10年之久。前后共有60多万党史工作者、史学工作者和其他各类有关人员参加。将近10年来，各个地方都周密组织，采取有力措施推动工作开展，保证调研质量。如山东省，先在30个县（市、区）进行试点，然后在全省普遍推开，形成了纵向省市县乡村五级联动、步调一致，横向十几个部门优势互补、携手攻关的工作格局。课题调研期间，山东省参加工作的同志共查阅档案238742卷，复印档案资料406912页，查阅抗战期间及战后出版的书刊61301册（期），复制文献资料220177页。走访调查8万余个行政村、609万名70岁以上（即1937年全国性抗战爆发以前出生）老人中的507万余人，收集证言证词79万余份。拍摄照片资料7376幅、录像资料49678分钟，制作光盘2037张。全省1931个乡镇，每个乡镇都建立了包括证人证言证词、伤亡人员名录、财产损失清单、人员伤亡和财产损失数字统计、人员伤亡和财产损失大事记、重大惨案证据材料以及证人和知情人口述录音、录像、照片等内容的抗战时期人口伤亡和财产损失材料卷宗，共12892个。

这项课题调研，也得到了社会各界特别是档案图书部门、专家学者的普遍支持。许多档案馆、图书馆为这次调研提供各种方便。不少专家学者在教学科研任务繁重、经费困难的情况下，承担专题研究任务。有的外请专家利用学校假期全力以赴做课题，缺少交通工具，就以自行车代步或徒步，到档案馆和图书馆查阅文献资料。

为了扩大搜寻面，中央党史研究室还组织查档小组，分赴美国、俄罗斯、日本，搜集了许多抗战史料。很多地方的课题组都到台湾查档。在台北"国史馆"、中国国民党党史馆、"中央研究院"近代史研究所档案馆等，找到了数量巨大、整理比较细致的抗战档案。台北"国史馆"馆藏的国民党在大陆统治时期行政院赔偿委员会档案，涉及抗战时期中国人口伤亡和财产损失的有8924卷，内容十分翔实具体。既有中央机关、军队系统人口伤亡和财产损失情况，也有地方省、市、县、区和个人填报的资料，包括台湾地区和华侨的档案资料。新疆防空委员会也报送有财产损失材料，如修筑防空工事、疏散费等财产损失。重庆市报送有日机空袭慰恤重伤难胞姓名卡，上面有卡号、伤员姓名、性别、年龄、籍贯、受伤时间、受伤地点、犒金额、发犒金时期、所住医院名称、医院地址、入院时间等，受伤部位还配有图片加以说明。所有这些，为查明当时各方面的人口伤亡和财产损失，提供了重要证据。

这项重大课题调研的成果，均编成《抗日战争时期中国人口伤亡和财产损失调研丛书》公开出版，为国内外学者提供并为子孙后代留下一份关于抗战时期中国人口伤亡和财产损失的系统资料。经过验收、审核合格的调研报告和主要档案文献资料，都按统一体例，编辑成为丛书的 A、B 两个系列。A 系列为各省、自治区、直辖市各一本调研成果，以及若干重要专题的调研成果，由中央党史研究室负责审核。B 系列为各省、自治区、直辖市的其他大量调研成果，由各省、自治区、直辖市党史研究室负责审核。全部成果统一设计、统一规格、统一版式、统一编号，由中共党史出版社统一出版。全部出齐之后，将有300本左右。

为了集中反映日本侵略者在中国制造的各种重大惨案，我们专门编纂了一套《抗日战争时期全国重大惨案》，收录抗战时期死伤平民（或以平民为主）800人以上的重大惨案100多个，配以档案、文献、口述及照片等作为历史证据。日本一些右翼分子，常常攻击中国为什么不拿出伤亡人员名单。我们专门安排了一个省，即山东省，公布该省具体的伤亡人员名录（第一批先公布该省100个县＜市、区＞的死难人员名录），包括姓名、籍贯、年龄、性别、伤亡时间等多项要素。以此说明，中国的伤亡人员都是有根有据、铁证如山的。

历史的生命在于真实、客观、准确。《抗日战争时期中国人口伤亡和财产损失》这一课题调研的生命也在于真实、客观、准确。所以，在开展这一课题调研的过程中，我们始终把保证调研质量，保证所有材料、事实、成果的真实性、客观性和准确性放在第一位，并在五个重要环节上严格要求、严格把关。第一，严格要求。一开始就明确规定，课题调研工作坚持实事求是的原则和科学严谨的态度。整个调研工作必须尊重历史事实。档案怎么记录的，就怎么记载，不能随意改变。当事人、知情人怎么说的，就怎么记录，不能随意加工。所有的材料、事实都要经得起法律上和学术上的质证。在需要与可能的情况下，对当事人、知情人的证词证言要进行司法公证。各种数据，都要确有根据，不能随便编排、采信。不许追求任何高数字、高指标。第二，统一规范。对课题调研的项目、内容，都做了认真细致的研究，提出了统一要求和严格规范。对全部调研项目设计了统一的表格，对调研报告的内容和格式做了统一规定。每个数字的内涵外延，包括如何计算、如何换算等等，都有明确的规定。事前对调研人员进行了培训。调研过程中，对没有理解的问题、疑难的问题等，都由专家给予统一的解释、说明。第三，责任到人。对所有参与课题调研的人员，都实行责任制。查档的、笔录的、整理的、起草调研报告的、审读的……，每个环节的人员都要签名，以对这一环节自己的工作负责，对子孙后代负责。明确规定，今后凡遇到质疑，有关环节的调研人员都要能够站出来进行证明、解释和辩论。第四，客观撰写。在汇总情况、起草调研报告阶段，要求所有的数据统计都必须客观、真实、准确。一律用事实说话，材料要具体、实在。不允许像写文艺作品那样来写调研报告；不允许作任何想象、编造和煽情性的描写；不允许刻意追求语言的生动华美；不允许使用任何带有夸张性、主观推断性的文字；不允许用"不计其数"、"无恶不作"这类抽象的形容词来概括相关内容；经过调研，凡是能够说清的事实、数字都予采用，但仍然说不清的情况、数据，就客观地说明未查核清楚，在汇总和整理数据时充分考虑这些因素，绝对不得编造数字。第五，逐级验收。除了在调研过程中由特聘的专家随时给予指导外，对各地提交的调研报告和相关材料，都实行逐级验收制度。其中，对省级调研成果实行由地方到中央的四级验收，其他调研成果由有关省、自治区、直辖市党史研究室组织验收。每一验收环节都要有专家审读、签字。凡存在问题和不符合要求之处，都要退回重新核查和修改。

经过艰苦努力，到 2010 年底，我们在深入调研的基础上，初步编出了几十本成果，先行印制了少量样本作为内部工作用书，组织力量作进一步的研究、审读、复查、校核。从 2014 年初开始，我们又组织展开了新一轮较大规模的审核工作。第一，召开有关省、自治区、直辖市党史部门参加的审稿会，进一步提高认识，明确规范，听取相互评审以及从社会各方面听到的意见，对审核工作提出要求，进行部署。第二，开展自审、复核、修改，确保准确无误。同时在各省、自治区、直辖市党史部门之间交叉审读，相互间进行比较、核对、衔接。自审互审完成后，都要确认是否具备正式出版的质量水准，签署是否同意交付出版的意见。第三，由中央党史研究室组织专家，对所有拟第一批出版的成果（书稿）进行六个环节的审读、检查、修改、校对，不仅检查是否还有表述不够准确或不够清楚的地方，而且对各本书稿之间、每本书稿各个部分之间的内容、叙述、时间、数字等进行统筹检查，排除表述不一致的内容。第四，如实客观地说明我们工作尽最大努力后达到的程度。始终强调，凡是已经清楚的，就清楚表述。还没有搞清楚的，就如实说明还没有搞清楚。某些数据、结论与其他书籍资料不完全一致的，则说明我们是依据什么材料、从什么角度得出和叙述的，不强求一致。第五，组织各地党史部门继续参与审核。凡有疑问的，都与有关地方党史部门联系、查核。多数省、自治区、直辖市都派专人来京参与审核、修改、校对。审核完毕后，又组织各地党史部门对自己书稿的清样再次进行审核。然后再按出版流程交付印制。今年以来对这些成果再次进行如此繁密、细致的复核工作，都是为了进一步保证成果的质量，保证历史事实的真实性和准确性。

特别需要强调的是，开展这项调研，不是为了简单汇总、计算这样那样的数据，而是为了寻找、展示更多的档案、更多的材料、更多的人证物证、更多的历史事实，用具体的事实来反映当年中华民族遭受的巨大灾难，揭露日本侵略者反人类的罪行。时隔几十年，很多数据难以查清，很多数据可能不很吻合，而且数据的分类、统计、核算都极为复杂，远远不是简单做一做加法就能算出来的。所以，我们在数据上采取了十分谨慎的态度。能统计出来的就统计出来，难以统计的也不强求。统计的口径、结果相互有差别的，也注意说明。今后，我们将会对数据问题作进一步研究。因此，目前的研究还只是阶段性的，不能说已经包罗万象，更不是最终的结论。总体上，还是在为今后更加综合性的研究提供一个详尽、扎实的基础。

由于自始至终都高度重视和强调调研的质量，所以，对于这一项目的真实性、客观性、准确性，我们有充分的信心。当然，无论如何，历史已经过去了六七十年，很多当事人已经去世，很多档案资料已经散失。现在再对发生在六七十年前的灾难进行大规模的调查，其困难是可想而知的。所以，即使做了最大的努力，我们仍然充分预计在调研成果及有关材料中，还是会有不足和差错之处，出版之后，肯定会有不同意见。所以，我们真诚地欢迎所有看到这些调研成果的人们，对其中的内容、材料、数据等进行审查、讨论。如此，必将有更多的人们关心和参与对当年那场灾难的调查，必将会提供和发现更多的档案、更多的资料、更多的见证，必将对我们调研成果中的很多内容进行不断的推敲琢磨，从而使我们能够更加准确、系统地展示当年中国的人口伤亡和财产损失，使我们为子孙后代留下的资料更为完整、更为丰富。我们也欢迎日本和其他国家的人们对这些调研成果进行阅读、审查、讨论、质疑。如此，将会有更多的国家和人们关注中国当年所遭受的灾难，也将会有更多的存留于国外境外的档案资料出现在公众面前，也将会使对当年这段历史和灾难的记录、研究更加准确和科学。

《抗日战争时期中国人口伤亡和财产损失》课题调研，是一项学术性的工作。开展这项课题调研，是为了更加准确和详尽地记录这场战争和灾难的历史，更加充分和有力地揭露日本军国主义的侵略罪行、反击日本右翼势力否认侵略战争的言行，更加充分和有效地进行爱国主义教育，毋忘国耻、振兴中华，更加积极地促进两岸交流、推进祖国和平统一进程，同时，也是为了给全世界所有关注当年这场战争和灾难的国家、政府和人们一个更加负责任的交代，为子孙后代继续研究当年中国人民抗日战争和日本军国主义的侵略罪行留下一笔丰富翔实的历史遗产。因此，虽然是学术性调研，但具有重大的历史意义、现实意义、国际意义、政治意义。作为历史工作者，我们有责任、有义务，实事求是地把中华民族在那场战争中蒙受的巨大灾难和损失尽可能完整地记载下来。推动和开展这项课题调研，是良心所在，是责任所在！每每读到那些令人震颤的历史事实，每每想到那数千万死难者的冤魂亡灵，每每掂量我们今人特别是历史工作者的责任，我们都禁不住潸然泪下。将近10年来，所有调研人员本着对历史和民族负责的精神，殚精竭虑，无私奉献，千方百计寻找各种线索，逐字逐页翻阅档案资料。为了做好对当事人、知情人的调查取证工作，顶酷暑，冒严寒，深入村镇，一家一户进行走访。也许，随着时间的流逝，这样的调研工作，以后再也不可能如此全面深入大规模地进行了。所以，对于能够基本完成这一课题的调研，我们极为欣慰，对能够取得今天这样的成果，我们极为珍惜。将近10年来，调研工作遇到过重重困难，调研人员付出了巨大心血，但只要能够对国家、对民族、对人民有一个负责任的交代，我们所有的努力、辛劳甚至痛苦都是值得的！

现在，《抗日战争时期中国人口伤亡和财产损失调研丛书》A系列第一批成果就要正式出版了，随后我们还将根据工作进程陆续出版第二批、第三批……B系列丛书的编纂和出版工作也将同时推进。而且，这项课题调研工作远没有结束。截至目前课题调研取得的成果，都还是阶段性的、部分的、不完全的成果。很多专题性调研还要继续进行，对大量档案资料还要进行分析研究。所有这些，都还需要我们继续不懈地努力。我们将以对历史负责的精神，一如既往地将这项课题调研工作做好。

历史，是现实的基础，更是未来的起点。打开尘封的记忆，重温昔日的往事，我们可以得到很多的启示和教诲，增长很多的聪明和智慧。所以，研究历史，形式上是向后看，但根本目的是向前看。作为一种科学的研究，我们调查历史的真相，记录历史的灾难，不是为了延续旧时的仇恨，不是为了扩大中日之间的裂痕，不是为了煽动狭隘民族主义的情绪，而是为了以史为鉴，不让历史的悲剧重演；面向未来，书写更加友好合作的美好篇章。经历了太多的苦难和挫折之后，我们更加坚定地热爱和平，更加执着地追求正义，更加珍惜国家的主权与独立，也更加关注世界的文明发展和进步。我们真诚地希望，世界各国能够携手努力，平等协商，求同存异，友好相处，共同推进世界的发展，共享人类文明的成果；我们真诚地希望，中日两国人民能够更多地加强交流、理解和合作，共同开辟中日关系的新局面，使中日关系更加健康稳定地向前发展，使中日两国人民真正世世代代地友好下去；我们真诚地希望，中华民族能够始终以坚韧不拔的努力，坚定不移地走和平发展之路，在中国特色社会主义旗帜下全面建设小康社会，努力实现社会主义现代化，为推动建设一个和平发展、文明进步的世界作出自己的贡献！

2014 年 4 月 30 日

《抗日战争时期中国人口伤亡和财产损失》课题①调研工作规范和要求

2004 年，中共中央党史研究室决定开展《抗日战争时期中国人口伤亡和财产损失》课题调研。2005 年向全国各省、自治区、直辖市党史研究室发出开展此项工作的正式通知，进行相应部署，着重说明工作的指导思想、调查项目、实施步骤及规范和要求。以后又随着课题调研的深入开展，对规范和要求进行了补充和完善。

一、课题调研的基本任务

抗战损失课题调研的目的和任务是深化对抗日战争时期中国人口伤亡和财产损失的研究。1995 年，在首都各界纪念抗日战争暨世界反法西斯战争胜利 50 周年之际，江泽民同志曾经对 20 世纪三四十年代日本侵略中国造成巨大人口伤亡和财产损失的基本数据做出了重要表述。2005 年，在纪念中国人民抗日战争暨世界反法西斯战争胜利 60 周年大会的讲话中，胡锦涛同志再次郑重宣布，据不完全统计，在抗日战争期间，中国军民伤亡 3500 多万人；按 1937 年的比值折算，中国直接经济损失 1000 多亿美元、间接经济损失 5000 多亿美元。中共中央党史研究室组织开展的课题调研，旨在全面详尽调查有关抗日战争时期中国人口伤亡和财产损失的具体事实，为这组基本数据提供强有力的史实支撑，并不是简单地做数据统计。

---

① 本课题亦简称为抗战损失课题或抗损课题。因为抗日战争时期及抗战胜利后国民政府统计人口伤亡和财产损失多采用"抗战损失"等概括性提法，其中将人口伤亡也称作抗战损失之一种，与财产损失并提，故沿用这一表述。

课题调研的基本任务是：按照实事求是的原则，经过广泛、全面、深入细致的调查研究，包括查阅搜集档案资料、对统计数据进行分析等，获得更多的证据，以更加全面和准确地揭露日本帝国主义侵略中国的罪行及其对中国人民造成的伤害。

课题调研的主要内容包括：(1)各个省、自治区、直辖市在抗战中的人口伤亡和财产损失情况；(2)历次重大战役战斗中中国军队伤亡的情况；(3)日本从中国掠走各种资源的情况；(4)日本从中国掠走和破坏文物的情况；(5)日军在中国制造的一系列重大惨案；(6)中国劳工的损失情况；(7)中国妇女遭受日军性侵犯的情况，包括"慰安妇"的情况；(8)日军在中国使用细菌武器、化学武器及其造成伤害的情况；(9)日本侵略在其他方面给中国造成破坏的情况；等等。

二、课题调研的方式和方法

主要是组织有关人员查阅和搜集档案馆、图书馆和其他文博单位以及民间保存的有关中国抗战人口伤亡和财产损失的档案资料、报刊杂志、历年出版的专题资料集和发表的研究成果。对一些特殊、重大的事件如重大惨案，则走访当事人、知情人和有关研究人员，进行录音录像，整理和保存证人证言，有条件的还进行司法公证，努力使这些调查材料成为在法律上可以采信的证据。有些省份的课题组还到境外的有关机构查阅相关档案资料，作为对大陆保存的档案资料的丰富和补充。这次课题调研的整体布局，实行块块和条条相结合。每个省、自治区、直辖市党史研究室在负责开展地区性的广泛调研的同时，也从实际出发开展一些专题性调研。一些重要的、涉及多个地方的带有全局性的专题，则另组织专家进行调研。

三、对搜集档案资料的要求

1. 明确搜集档案资料的范围。搜集档案资料是本课题调研工作的基础，调研成果的质量也主要决定于档案资料是否翔实，是否尽可能完整和全面。所以，凡相关内容的档案资料，不论是直接反映人口伤亡和财产损失的，还是间接反映的（如关于人口状况、财产状况、生产能力、各类资源情况等资料），都尽量搜集，作为撰写调研报告的客观的历史依据。搜集的要件有：档案、报刊、史志、时人日记、专著专论、实地调查报告、图片、影像资料以及出版、发表的研究成果等。

2. 认真整理原始档案和资料。对于搜集到的档案资料，不论是来自原始的档案，还是来自报刊、史志、日记、图书、专题论文等，都认真整理，每份每件都注明保存的地点、单位，文件卷号、出版或发表处等，然后分类汇总，妥善保存。档案资料使用时一律保持原貌，必要时作注释说明，不允许对原件内容增改、涂抹。对搜集到的档案资料要在分门别类整理的基础上进行必要的考证、鉴别和研究。整理后的档案资料，不仅是有关课题承担者撰写课题调研报告的重要依据，其主要内容也作为附件收入有关的调研成果之中。

四、有关数据统计中的几个问题

1. 根据搜集、掌握资料的情况，抗日战争时期中国的人口伤亡分为直接伤亡和间接伤亡两大类。直接伤亡，一般是指日本侵略中国的战争直接导致的中国方面人员的死、伤、失踪等；间接伤亡，一般是指在日本侵略中国的战争包括特定战争环境中造成的中国方面被俘捕人员、灾民、难民、劳工等的伤亡。抗战期间，被俘捕人员、灾民、难民、劳工等伤亡很大，但由于其流动性大等复杂原因，很难形成具体数据资料，统计起来十分困难。因此，本课题调研中，将已确定属于死、伤或失踪的被俘捕人员、灾民、难民、劳工的数据归入有关地方间接伤亡统计数据；无法确定是否伤亡失踪的，可视情况单列相关数据并加以说明。需要补充说明的是，在战争中失踪者，按通常惯例归为死亡。

2. 抗日战争时期中国的财产损失分为直接损失和间接损失两大类。直接损失，一般是指在日军攻击、轰炸或掠夺中直接造成的社会财产损失。居民财产损失列为直接损失。间接损失，一般包括：(1)政府机关等因抗战需要而增加的费用，如迁移费、防空设备费、疏散费、救济费、抚恤费等；(2)各种营业活动可获利润额的减少及由于成本上升等增加的费用；(3)有关伤亡人员的医药、埋葬等费用；(4)为抗战捐献的物资和钱财；(5)有关人力资源的损失。总之，一切因战争造成的间接财产损失均包括在内。

3. 在财产损失中所列的人力资源类损失，包括了被俘捕人员、劳工等在财产方面的损失。中国各级政府所组织的劳役，例如为战争修筑公路、机场、军事工事等抽调民工，都算作人力资源损失。但中国方面征用民工和日本侵略军强征劳工有所区别。日军强征劳工的伤亡率很高，和中国方面征用民工民夫的情况区别很大，因此要分别统计和说明，不能混淆。

4. 中国军队在重大战役战斗中的人员伤亡，分别情况加以统计处理。此次课题调研以统计平民伤亡为主。有关省（自治区、直辖市）如发现有本地发生过军队人员伤亡的重要资料，可以搜集整理并在调研报告中说明，但不计入本地人口伤亡总数。若是本地籍军人的伤亡，则计入本地人口伤亡总数。

5. 海外华侨拥有中国国籍，因此在计算抗日战争时期中国人口伤亡和财产损失时，华侨人口伤亡和财产损失均计算在内。各有关地方在计算本地人口伤亡和财产损失时，视情况可以将本地籍华侨的伤亡、损失计入统计数据总数，亦可单列数据并加以说明。

6. 工厂、学校、机关团体等由于战争原因搬迁造成的损失，算作间接损失，原则上由工厂、学校、机关团体等原所在地方统计。如果原所在地方缺少相关资料，新迁移处具备资料条件，也可由后者统计。为避免交叉和重复，遇到这类情况须特别加以说明。

7. 政党、政府机构的财产损失，归入公用事业的社会团体类财产损失一并计算。

8. 被日军、日本占领当局无偿征用、占用的中国耕地，按农作物的产量及其价值计算财产损失。

9. 伪军、伪政府的人员伤亡和财产损失，一般计入中国人口伤亡和财产损失。

10. 由战争原因导致的如黄河花园口决堤一类重大事件所造成的人口伤亡和财产损失，计算在间接人口伤亡和财产损失中。

11：重大的财产损失，均以相应数额的货币反映价值。反映财产损失的货币一般要注明币种。

12. 通常用于抗日战争时期财产损失统计的货币（主要是法币），币值问题非常复杂。本课题调研中，涉及财产损失统计的货币数据，有条件进行折算的，一般按 1937 年即全国抗战爆发当年通用货币法币的币值进行折算，并说明折算的方式方法。因条件不具备，保留原始数据未作折算的，则注明有关数据中用以反映财产损失的货币系何种货币、何年币值。

五、关于撰写课题调研报告的要求

本次课题调研，有关课题组和承担专门课题的专家均按要求撰写出调研报告。

1. 各省、自治区、直辖市课题组撰写调研报告，内容大致分为概述、主体、结论三部分。

概述部分主要包括：介绍课题调研工作的基本情况，如：投入多少力量，到过什么地方查阅搜集档案资料，搜集了多少档案资料等。反映本地的自然地理概况，抗战爆发前的经济社会发展和人口状况，以及在抗战时期是重灾区还是大后方，是沦陷区还是根据地等。叙述日本侵略者在本地的主要罪行。还可简略回顾以往相关课题的资料和研究情况。

主体部分主要包括：分析说明本地人口伤亡和财产损失情

况。根据现掌握资料，将本地抗战时期人口伤亡分为直接伤亡和间接伤亡，将本地财产损失分为直接损失和间接损失，并分别说明主要的史料依据和分析结果。

结论部分，汇总本地人口伤亡数据、财产损失数据。据实说明迄今所掌握资料的局限性、本地遭受人口伤亡和财产损失的特点、影响等。

撰写调研报告依据的主要资料以及调研中同步完成的专题研究报告等，作为调研报告的附件，纳入课题调研成果中。

2. 由一批专家承担的全局性专门课题，如抗日战争时期重大惨案、劳工问题、"慰安妇"问题、细菌战、化学战、文化损失、海外华侨人口伤亡和财产损失、中国军队伤亡、重要战役战斗伤亡等，其调研报告的撰写和附件的收录，参照以上要求进行。

六、对调研成果的验收

在各省、自治区、直辖市课题调研工作结束后，完成的包括课题调研报告在内的省级调研成果和市、县等调研成果，要装订成册，通过审阅和验收，逐级上报，送交各省、自治区、直辖市党史研究室和中共中央党史研究室分别保存。

为确保质量，在调研过程中形成的各省、自治区、直辖市 A、B 两个系列书稿（省级调研成果为 A 系列书稿，市、县等调研成果为 B 系列书稿），要分别通过验收。其中，省级调研成果要通过由地方到中央的四级验收，市、县等调研成果则在有关省、自治区、直辖市内验收。

省级调研成果上报验收前，课题组先认真进行自审，以保证内容的完整准确，特别是调研报告和有关专题研究报告、资料、大事记的内容和数据要互相补充、印证，不能互相矛盾。课题组完成自审后，省级调研成果首先报送省级抗战损失课题领导小组验收。省级课题领导小组审查通过后，送省级专家验收组验收。省级专家验收组参加验收的专家一般为3—5人，人选来自党史系统、社会科学院和社科联系统、档案史志部门、高等院校等方面，为较有影响力、权威性的专家。省级专家验收组在本省（自治区、直辖市）课题领导小组的指导下，按照学术规范的严格要求和有关规定审读、验收本省（自治区、直辖市）拟提交中共中央党史研究室的省级调研成果。验收的主要标准和目的是确保调研成果的准确性、可靠性。对于验收中指出的问题、提出的意见和建议，各省（自治区、直辖市）课题组须采取有效措施解决和落实。对一次验收不合格的，修改、完善之后进行第二次以至多次验收，直到合格为止。省级专家验收组验收合格后，填写《A系列书稿验收报告表》。填写的报告表和书稿同时报送中共中央党史研究室课题组。

中共中央党史研究室课题组收到经省级专家验收组验收合格的省级调研成果后，先进行验收。认为合格后，再聘请国内知名专家进行验收，并填写《A系列书稿验收报告表》。验收中所提修改意见，由有关省、自治区、直辖市课题组予以逐条落实，对调研成果做出相应修改或者说明相关情况。

由一批专家承担的全局性专题研究成果，最后形成的书稿也纳入A系列，其验收也参照上述程序和要求，由中共中央党史研究室课题组组织有关专家进行。对于验收中提出的意见，承担课题的专家要逐条落实，对调研成果进行修改完善直至合格为止。

最后，中共中央党史研究室课题组对经过反复修改形成的省级调研成果和全局性专门课题调研成果进行复核。完成各项程序并符合要求的调研成果，包括通过四级验收的A系列书稿和由有关省、自治区、直辖市党史研究室组织验收并合格的B系列书稿，分批次送交中共党史出版社付印出版。

中共中央党史研究室课题组

《青海省抗日战争时期人口伤亡和财产损失》编委会

主　任　魏守良　中共青海省委党史研究室主任（2013 年 12 月起）

　　　　李　敏　中共青海省委党史研究室主任（2008 年 7 月—2013 年 12 月）

　　　　魏效祖　中共青海省委党史研究室主任（2005 年 12 月—2008 年 7 月）

副主任　张世华　中共青海省委党史研究室副主任

　　　　宋星火　中共青海省委党史研究室副主任

　　　　李亚玲　中共青海省委党史研究室副主任

成　员　常东海　中共青海省委党史研究室办公室主任

　　　　胡明安　中共青海省委党史研究室征研室副主任

　　　　侯晓梅　中共青海省委党史研究室办公室副主任

　　　　董秀章　中共青海省委党史研究室编审室副主任科员

课题承担单位　中共青海省委党史研究室

主　编　李亚玲　中共青海省委党史研究室副主任

副主编　董秀章　中共青海省委党史研究室编审室副主任科员

目　　录

一、青海省抗日战争时期人口伤亡和财产损失调研报告

青海省委党史研究室

（一）调研工作概述

　　2005 年 12 月，青海省委党史研究室正式启动《青海省抗日战争时期人口伤亡和财产损失》课题的调研工作。青海省委党史研究室指定一位同志专门负责此项工作，课题组同志先后多次前往省档案馆、省图书馆、青海日报社、省《西海都市报》、省社科院、省（市、区）政协文史办公室、省志办、本室资料室等处查找有关资料，寻访专家和知情人了解情况，重视用历史事实和资料谈话。调研工作中，共查阅资料 500 多万字，档案卷宗 77 卷，报纸装订本 55 本，填写报表 15 份，访问专家和亲历者 70 多人次，征集整理亲历者回忆录 6 篇，撰写访问记 2 篇，访谈录 2 篇，编撰大事记 7000 多字，基本调查清楚了青海省抗战期间的人口伤亡和财产损失情况。

（二）抗战时期青海省的社会经济和人口状况

　　青海省位于中国西北部，地处世界屋脊，是长江、黄河、澜沧江的发源地，由此青海有"江河源"之称。又因境内有中国最大的内陆咸水湖——青海湖而得名，简称"青"。青海全省地域辽阔，总面积达 72.12 万平方公里，是仅次于新疆、西藏和内蒙古的中国第四大省，其东面、北面与甘肃省接壤，东南与四川省毗连，南与西藏、西与新疆为邻。同时，青海省是一个少数民族聚集区，除汉族外，主要居住着藏族、回族、土族、撒拉族、蒙古族等民族，抗日战争时期，还有一部分哈萨克族居住在青海境内，后于 1984 年迁往新疆。青海地

形地貌复杂，地势多耸，山脉绵亘，气候干燥，属于典型的大陆性气候，冬季漫长寒冷，夏季短促凉爽，矿产资源十分丰富。1931 年至 1945 年局部抗日战争和全国抗日战争时期，青海的社会经济发展较缓慢，与内地比相对稳定，东部农业区处于晚期封建社会，青南地区处于早期封建社会，其具体的社会经济和人口状况如下：

1．社会经济状况

（1）近代工业开始出现，但机器工业企业发展水平较低。全国抗日战争爆发时，青海主要还是传统手工业，当时的民生工厂生产毛线纺织，使用的是脚踏纺织车。义源工厂生产被服、军鞋、制革、织裹脚布等，也是手工制作。1930 年设立的修械所是青海最早使用近代机器进行生产的工厂，它是国民军陆军第三十一师为满足军工修械所需而建立的，"当时该所所有的车床用蒸汽机带动"[①]，之后，"1931 年，新编第九师也成立了修械所，利用机器设备进行生产，当时青海所需军用、民用工业品主要依赖内地输入"[②]。全国抗战爆发后，青海工业的落后状况开始凸显，靠内地供应的军用、民用物资更显匮乏，甚至没有了来源，这种局面促使青海积极兴办工业企业。当时的因素有以下几点：一是当时青海当局通过兴办工业企业达到自给，摆脱困境；二是随着日军的疯狂进逼，很多内地专家学者和技术人员来到西北地区，为青海兴办工业企业提供了人才条件；三是国民党政府支持马步芳积极创办工业，并答应在资金、技术、运输等方面给予大力支持，以此增强后方能力，适应长期抗战的需要；四是青海省主席马步芳正欲借机扩大自己的实力，巩固对青海的统治，加之其有一定的资本积累，对兴办工业企业表现出很大的积极性。

1941 年正式成立了青海海阳化学厂，该厂聘请博士任总工程师，全厂的技术人员由中央工业试验所负责调配。海阳化学厂是青海最早的化工企业，设有火柴厂、修配厂、三酸厂、玻璃厂、制磷厂等分厂，有的分厂采用了部分进口设备，这些厂后来被称为马步芳的所谓"八大工厂"，产品有硫磺、黄磷、赤磷、硫化磷、火柴、肥皂、皮革、玻璃器皿、毛毡、毡靴、地毯等，产品质量参差不齐，较差的居多，有些产品销往外省区。1941 年 2 月，青海工业中最具现代气息的西宁火力发电厂又正式建成发电，该厂安装柴油发电机 3 台，装机总容量 87 千瓦，主要供军政机关及要员宅邸照明用。自此，西宁结束了无电的历史。一些电镀、电焊企业和家用电器开始陆续出现，但邮政局、电报、电

---

①　②　崔永红等：《青海通史》，青海人民出版社 1999 年版，第 732 页。

话、无线电设备简陋落后，使用范围有限。

总体来看，这一时期青海近代机器工业企业为数不多，处在起步阶段，多数企业靠生产民生必需品赚取利润，在一定程度上平抑了物价。同时，现代工业企业的出现引起了生产关系的变化，资本主义性质的雇佣关系和货币工资出现，对青海社会的进步有着重要而积极的影响。

（2）农牧业处在传统生产方式阶段，人民赋税负担加重。抗战期间，青海农业耕畜以牛为主，兼使驴、马、骡等，许多农民无力备齐全套农具，东部农业区汉、回、土、撒拉、藏等各族农民的农耕技术基本处于同一水平。国立、省立农业科学职业学校，设有试验场地，教授土壤作物、病虫害、水利、畜产等近代农业科学知识，对促进青海农业的发展发挥了作用。但是，由于受封建生产关系的束缚，加之当时政治黑暗，农业生产发展依然缓慢，抵御自然灾害的能力很低，农业产出低而不稳。牧业方面，牧民们经过长期经验的积累，在草场利用、放牧方法、畜种改良、畜病防治等方面掌握了一些行之有效的方法，但终未能突破传统生产方式的樊篱，如用剪刀剪羊毛，甚至有的用刀割、用手拔；宰牛羊用藏刀割或石头砸；牧畜无棚圈；冬春季成畜死亡率高，仔畜存活率低，遇风雪灾害，大批死亡；生产十分脆弱，生产工具极为落后。与此同时，青海境内有多处官办或官僚资本兴办的牧场。由于官办牧场投入较多，经营水平较高，兽疫防治设施和各种改良手段比民间为优，因此牧场每年为官僚资本带来巨大的经济效益。

农牧民的赋税更加沉重。如1937年，青海省政府以财政困难和战争需要为名，实行"田赋预征"法，提前一年"预征"六成的农民田赋税；1941年实行"田赋征实"制度，征收粮食69451石，是1929年的1.9倍；1942年至1943年重庆国民政府以抗战为由，在全国产粮省区实行粮食"征（配）购"制度，1942年青海省除完成税粮外，又完成购粮114285石7斗1升；1944年又改"征购"为"征借"，每征实粮食1石，配征借粮食1.428572石，共征粮7万石，征借10万石。[①]

战时还派征壮丁。1938年7月起，国民政府规定每年在青海省征壮丁1500名，经青海省政府请准，交马匹可替代壮丁，1匹马折壮丁1名，称为"以马代丁"。1942年开始又确定每年征1/3壮丁，2/3以马代丁。在牧业区，则实行"草头税"，仅1941年青海蒙、藏各族纳税折银就达77071.6两，同年改"草头税"

---

① 翟松天：《青海经济史》（近代卷），青海人民出版社1998年版，第13页。

为"建设费",全省每年缴纳银元 119448.26 元①。上述做法导致在 1939 年全省各类牲畜总头数达到生产的高峰后连年下降。

（3）民营商业有所发展，官僚资本商业占垄断地位。商业产值占社会总产值比重较小，但有一些新的发展和变化。据当时青海全省商会联合会档案资料记载，1936 年西宁列入"班次"的大中商铺有 695 家，40 年代有所减少。1939 年青海商业手工业界成立了同业公会组织，西宁县商会下有蒙藏器具、藏货，过载（即批发商）、运输、绸布、西药、书籍、南北货、皮货商业同业会和鞍鞯、服装、制革工业同业公会。1944 年青海全省商会联合会对同业公会进行整理，重新登记后，"西宁地区商业同业公会国药业达 43 户，新药业（即西药）12 户，皮货业 17 户，书籍业 8 户，染户业 20 户，照相业 6 户，水烟业 11 户，纸烟业 35 户，过载 14 户，食品业 10 户，绸缎业 45 户，布匹业 62 户，百货业 70 户，摊子业 80 户"②，共计 433 户。此外，还有五金业、蔬菜业、水果业、旅店业、典当业、影剧院、寄售业等，出现了民营资本家阶层，商业的发展对青海地方农牧手工业发展起了一定的促进作用。

在牧业区商品交换极不发达。寺院附近是商业交易的场所，以大寺院为依托，有一些进行应季商品交换的贸易中心和定期集市，凡会期将至，商贩会带着产品不远千里而来。随着牧区行政建置的健全和垦荒移民的发展，一些居民点逐渐出现了固定商铺。特别是 1944 年以后，由官僚资本商号"德兴海"在牧业区各县治地和重要居民点开设分店，初步形成了一批固定市场。

抗战时期，青海官僚资本商业的垄断经营及其影响突出，主要表现在国民政府青海省主席马步芳家族官僚资本商业达到鼎盛阶段。1938 年马步芳登上国民党青海省主席之位后，马家官僚资本商业利用官营的名义，亦官亦商，公私合一，将军政特权运用到商业领域，用各种名义发函下令，向私营工商业者和群众摊派销售不合格产品和积压次残商品，实行蛮横的经营方式，甚至将行政经费、教育经费乃至国民党中央政府给青海省的各种款项，投入商业作为周转资金，对获利大的商品"统购统销"，对人们日常生活必需品实行专营，对商业竞争对手实行限价等政策，为加速其官僚资本商业发展服务。同时，官僚资本商业也采取了一些现代资本主义的组织形式。这种官僚资本商业对青海经济的发展有积极的作用，但它又破坏了现代商业的公平竞争原则，其封建性、落后性、垄断性尤其明

① 崔永红等：《青海通史》，青海人民出版社 1999 年版，第 558 页。
② 崔永红等：《青海通史》，青海人民出版社 1999 年版，第 682 页。

显，在官僚资本的打击、排挤和超经济掠夺下，民营商业资本纷纷倒闭破产。

（4）金融业从无到有，官办银行争夺市场和利润。20世纪30年代中期，国民党政府基本实现了币制的统一，并维持了币值的相对稳定，对青海经济的恢复和发展产生了积极的作用。1940年中国农业银行、中国银行、中央银行、交通银行先后在青海建立分支机构，实现了对青海金融业的控制。青海省主席马步芳为了与之分庭抗礼，谋求建立受自己控制的金融机构，使马家官僚资本得到金融支持，早在其1936年代理青海省主席之时，就向国民政府提出了设立青海省银行的要求，但直到四大银行在西宁设立分支机构后，国民政府才以"兼顾中央法令与地方事业"为名，准予设立青海省银行，期限30年。青海省银行由于得到地方政府的支持，在与中央/四行/西宁分行的竞争中处于较为优越的地位，公私存款多被吸收到该行。每遇国民政府拨发军政费用，马步芳即限时提清，转手存于省银行。该行还通过透支、补贴暗息等手段扩大存款，并使用暗账、偷税漏税等不正当手段，使其经济效益一直保持上升势头，直到青海解放，马步芳政权崩溃，该行也很快宣告垮台。

（5）民族宗教问题是青海的重要问题之一，具有青海自己的特点，抗战时期也不例外。当时在青海广大的牧业区，蒙、藏社会中的王公千百户和大活佛是贵族阶层，他们具有封建特权并得以世袭，处于社会等级结构的顶端，在自己的辖区内，拥有极大的行政和司法权力，刑戮在口，出言即法。他们有分配牧场、派夫派差、征收税款、征集兵员、裁决诉讼、褒奖惩罚、剥夺牧民财产等权力，甚至可以改变习惯、传统、法规，另立新章。世袭贵族阶层与各大寺院的首脑结为一体，掌握着整个部落的政治、经济、军事、宗教等所有大权。贵族阶层地位尊贵，物质生活优越，蓄养着家内奴婢。

在牧业区贵族阶层之下是平民阶层和贱民阶层。平民阶层即自由民阶层，一般牧民、普通僧侣、商人、工匠、权力不大的头人、牧主均属这个阶层。这是一个广泛复杂的社会阶层，没有什么特权，具有人身自由，可从部落分得一份牧场或耕地，利用自己的生产资料从事生产，比较富裕的雇有少量雇工，贫困的承租别人的牲畜或耕地。平民阶层地位不稳定，违反部落法规或遭天灾人祸，随时会失去自由民身份而降为贱民。所谓贱民就是平民阶层以下，法律上没有独立人格地位的社会阶层，在社会结构中处于最低层，"牧奴"、"寺奴"、"奴户"、"家奴"、"终身奴隶"、以乞讨为生的游民等属此阶层。这些人的共同特点是，缺少或没有生产资料，生活贫困，人身自由受到很大限制，有的奴婢的子女仍为奴婢。但他们又不是完全意义上的奴隶，他们的人身并未完全被占有，主人可以将奴婢送人，但不可以任意杀害他们。

2. 人口状况

1929年1月青海建省，后经过行政区划数次变迁，1930年时青海省共辖西宁、大通、乐都、循化、化隆、湟源、贵德、共和、门源、玉树、同仁、民和、互助、都兰14县。1938年马步芳任国民党青海省主席后，青海省建置变化较大，至1943年青海省根据国民政府内政部公布的《设治局组织条例》，先后在牧业区设立过14个设治局，分别是和兴设治局、和顺设治局、祁连设治局、兴海设治局、通新设治局、河曲设治局、西乐设治局、优秀设治局、白玉设治局、星川设治局、海晏设治局、哈姜设治局、南屏设治局、香日德设治局。14个设治局中，保留到1949年9月的只有祁连、星川两个设治局。全国抗日战争爆发时及至之前，青海省上述地区人口数字的统计缺乏，最早的人口统计是在1931年，总数为637965人，至日军轰炸西宁前的1940年，全省人口总数为1512823人。1944年开始出现了全省人口统计总数，但仍有六县和五设置局的人口属估计数。抗日战争期间，国民政府从青海调军出省，集兵远征，加之自然灾害和瘟疫，青海人口数量减少。1945年抗日战争胜利，全省人口数为1384648人。

从全省人口总数变化看，1931年至1940年9年间，为增长时期；1940年至1945年抗战胜利5年间，为下降时期。分析人口变化的原因，1938年前，青海人口统计不完全，没有覆盖到全省，漏查人口多。1938年后，青海开始编组保甲，强征壮丁，由于清查户口，挨户搜寻，覆盖范围变大，清查出了相当数量的隐漏人口。加之已经沦陷和将要沦陷地区的大量难民迁徙后方，青海容纳了一定数量的"西流"人口。同时，青海建省以后，社会经济状况有了某些改善，如建立了小型工矿企业，修筑公路，创建图书馆，增设中小学校，建立卫生机构，开办邮电业务等。社会经济结构的变化和文教卫生设施的进步，亦吸引了一批外省籍人士来青就业，也为人口进一步增长提供了条件。1940年至1945年的5年，全省人口略有下降，是因为国民政府从青海调兵出省，集兵远征，加之自然灾害和瘟疫所致。

西宁市作为青海省首府和全省政治、经济、文化的中心，随着商业发展、近代工业的兴起，逐步发展成西北地区较为发达的城市。当时西宁的特点之一就是人口密集，社会劳动人口中非农业人口占绝大多数。特点之二是经济活动密集，主要表现在两个方面：一是商业贸易和手工业集中。20世纪30年代前后，西宁仅百货、布匹店铺即达200多家，到1944年前后，西宁地区商业、手工业同业公会已有40多个。二是工业集中。西宁具有资金、市场、劳动力、技术相对集中的优势，公路交通相对便利，为工业发展提供了一定条件。到20世纪40年代，青海为数不多的机器工业、工矿企业几乎全部集中在西宁，除政府机关、军事、文化、教育机构以及金融、邮电、通信设施外，作为居民业余活动场所的社会福利机构和公共服务设施、文化娱乐场所（公园、影戏院、旅店、舞厅）也集中在西宁。

为了摸清青海省抗日战争时期社会经济和人口状况，课题组成员以抗日战争为时间节点，以西宁地区为中心，以社会经济状况和人口状况为主题，查阅了大量资料，对青海省抗日战争时期的社会经济和人口情况作了全面综合的分析、判断和汇总，搞清了抗日战争时期青海省社会经济及人口状况，为全面深入进行青海省抗日战争时期人口伤亡和财产损失调查奠定了坚实的基础。

（三）侵华日军飞机轰炸西宁古城的情况

1937年7月卢沟桥事变爆发，日本侵略者发动全面侵华战争，侵占中国大片领土。地处祖国边远地区的青海省也遭到日军的侵犯。日军用飞机的狂轰滥炸，使青海西宁地区屋毁人亡，妻离子散，城市一片残垣断壁，造成人员和财产的严重损失。

1941年6月18日，日军48架飞机侵扰青海省西宁、乐都、民和上空，但未投弹便逸去。6月23日中午，日军派出27架飞机再次飞抵青海西宁古城上空，在公安街（今文化街）、饮马街、玉井巷、法院街、观门街、湟水南岸的昆仑中学、韵家口、乐家湾、羊沟湾一带进行疯狂轰炸。据有关史料记载：敌机共投下炸弹200余枚，燃烧弹40余枚，并用机枪进行低空扫射。据9岁时亲身经历了日机轰炸西宁的石葵先生回忆，当时"听到了机枪扫射的啸声和炸弹爆炸的声音"，"周围邻居妻离子散，惨不忍睹"。这是抗战时期青海人民遭受日本侵略者最直接也是最严重的一次侵害。日军的残暴行径，激起了青海各族人民的无比仇恨和愤慨，他们把对日本侵略者的仇恨转化为抗日的实际行动。

（四）青海省抗战时期的人口伤亡

抗战期间，青海省的人口伤亡，一是日军飞机空袭轰炸所造成；二是青海部队赴抗日前线的人员伤亡。其具体情况如下：

1. 空袭伤亡

1941 年 6 月 23 日，日军飞机对青海省西宁市进行疯狂轰炸，造成严重的人口伤亡。青海省政府 1941 年 6 月份总报告中，对空袭中伤亡人数的统计数是死亡 43 人，重伤 12 人，轻伤 16 人。其中死亡数内有警士 5 人，其余均为民众；重伤均为民众；轻伤数内民众 7 人，警士 1 人，官兵 8 人，总计 71 人。（见表一）

表一　青海省西宁市遭日军空袭人口伤亡统计表

时间	受害者	受害地点	死亡人数				重伤人数				轻伤人数				资料出处
			总计	其中			总计	其中			总计	其中			
				男	女	童		男	女	童		男	女	童	
1941年6月23日	汪生祯家	南玉井巷 30 号	4	4	/	/	1	/	1	/	/	/	/	/	朱世奎口述：《关于日机轰炸西宁的几个史料考证》，原件存中共青海省委党史研究室；石葵：《不应忘却的惨案——为西宁1941 辛巳死难者默哀》，载青海省西宁市城中区政协文史委编《西宁城中文史资料》第 17 辑，2005 年 12 月印行；《青海省政府 1941 年 4、6、7、8、9、10、11、12 月份总报告》，青海省档案馆馆藏档案，全宗号 15，案卷号 20，第 68 页。
	魏香坊家	北大街中段东侧	1	1	/	/	/	/	/	/	/	/	/	/	
	崔青云家	南北玉井巷交界处	1	1	/	/	/	/	/	/	/	/	/	/	
	白口袋匠家	后后街中段北侧	3	1	1	1	/	/	/	/	/	/	/	/	
	罗七爷家	下饮马街北段西侧	3	1	1	1	/	/	/	/	/	/	/	/	
	吴斗斗家	观门街中段东侧	4	1	1	2	1	/		1	/	/	/	/	
	老张爷	南北玉井巷交汇处南侧	1	1	/	/	/	/	/	/	/	/	/	/	
	金昱	昆仑中学伙房	1	1	/	/	/	/	/	/	/	/	/	/	
	铁占林	水城门清真寺西	1	1	/	/	/	/	/	/	/	/	/	/	
	鲁生海	观门街西侧从北向南第 2 条西巷道	1	1	/	/	/	/	/	/	/	/	/	/	
	韩宗玉	南玉井巷中段南侧					1	/	1		/	/	/	/	
	警士	府门街、下饮马街等	5				/	/	/	/	1	1	/	/	
	官兵	不详					/	/	/	/	8	8	/	/	
	不详	不详	18	9	7										
	合计	共伤亡 71 人	43				12				16				

2. 青海骑八师伤亡

全国抗日战争爆发后，1937 年 8 月由青海和甘肃的汉、回、撒拉、蒙古、土等民族 8000 余人组成青海骑兵第八师，由师长马彪率领，从西宁出发奔赴抗日前线。（见表二）

表二　抗战期间青海省骑兵师士兵、马夫人数统计表

时间	类别	人数（人）	征送地点或机关	资料出处
1937 年 9 月	骑兵	8000	赴前防作战	青海省地方志编纂委员会：《青海省志·大事记》，青海人民出版社 2001 年版，第 147 页；《青海省政府工作报告》(1941 年 7 月至 1946 年)，青海省档案馆馆藏档案，全宗号 15，案卷号 24，第 65 页。
	炮兵、驭手	300		
	马夫	120		
抗战期间	士兵	500		石景堂等：《青海骑兵师东征抗日历次战役、战斗及其他情况》，载青海省乐都县政协文史委编《乐都文史资料选》第 1 辑，1988 年 4 月印行，第 51 页。
合计	/	8920	/	/

1938 年 2 月，骑兵师驻西起陕西灞桥、东至河南灵宝的陇海铁路沿线，以及陕西西安和河南荆紫关的西荆公路沿线，负责守护铁路和公路的安全。在此期间，青海骑兵师曾奇袭晋南芮城一带的日军，剿平公路沿线有日本浪人和汉奸参加的土匪，确保了陇海铁路及西荆公路的畅通。同年 4 月，骑兵师马禄旅调到豫东与日军作战，该旅在一次与日、伪军激战中，以伤亡 27 人的代价，歼灭日、伪军 1000 余名，而使青海骑兵师威望大振。之后马禄旅被调往陕西铜川。同年秋，马秉忠旅在淮阳争夺战中，与日军鏖战 17 个昼夜，消灭日军 1000 余人，青海骑兵师也伤亡惨重，阵亡 2000 余人，旅长马秉忠、营长李国勋、连长赵清心等将领以身殉国。在 1942 年 3 月宝塔战役中，100 多名青海籍战士背水作战，最后弹尽粮绝，宁死不屈，全部投河，壮烈殉国。在中原会战中，青海骑兵师从日军后面及侧面配合作战，副师长卢广伟在战斗中阵亡。青海骑兵师抗战 8 年，伤亡大半，回到青海时，几乎补充的全是豫、陕的新兵。青海人民为抗日战争的胜利，作出了重要贡献，付出了极大的牺牲。（见表三）

表三　青海省骑兵师出省抗战人员伤亡统计表

时间	地点	内容	伤亡概况	资料出处
1939 年 9 月 8 日至 9 月 25 日	河南淮阳、开封	与日军作战	总计伤亡 2000 余人，其中：第一阶段，牺牲官兵 200 余人，旅长马秉忠、营长李国勋、连长赵清心、排长郑成功、郑成仁牺牲，营长车进椿、霍世魁及副营长、排长负重伤；第二阶段，牺牲官兵 10 余人，韩有才营副营长马某、连长马长寿、排长马占龙负伤；第三阶段，该师伤亡颇重，旅参谋长石景堂、营长梁某某、副营长何振德等负伤	青海省地方志编纂委员会：《青海省志·大事记》，青海人民出版社 2001 年版，第 148 页；石景堂等：《青海骑兵师东征抗日历次战役、战斗及其他情况》，载青海省乐都县政协文史委编《乐都文史资料选》第 1 辑，1988 年 4 月印行，第 20－52 页。
1939 年秋	黄泛区万寨	与日军作战	略有伤亡	石景堂等：《青海骑兵师东征抗日历次战役、战斗及其他情况》，载青海省乐都县政协文史委编《乐都文史资料选》第 1 辑，1988 年 4 月印行，第 20－52 页。
1939 年 12 月	黄泛区通许、太康等地白马庙等 8 个沿河村寨	与日、伪军作战	伤亡 27 人	同上
1940 年 8 月	河南涡河沿线	与日军作战，日军施放毒气	第 3 团和工兵连伤亡 500 余人	同上
1942 年 3 月下旬	河南淮阳、宝塔	与日军作战	第一阶段：10 余名官兵投河牺牲；第二阶段：马元祥旅长受伤，人员伤亡惨重	同上
1942 年 9 月	皖北怀远县城	与日军作战	牺牲 20 余名官兵，团长冶进全牺牲	同上
1943 年初夏	皖北阜阳、临泉、颖上	阻止日军	伤亡颇重，副师长卢广伟及其 2 名卫士牺牲，冶有禄团伤亡 100 余人	同上
1944 年 8 月	湖南境内	与日军作战	青海抗日战将马登云牺牲	崔永红等：《青海通史》，青海人民出版社 1999 年版，第 612 页。

时间	地点	内容	伤亡概况	资料出处
1944 年	河南陕县	轰炸日军兵工厂	空军大队长朱祥等 16 人牺牲	朱世达：《抗日战争中的空军大队长朱祥》，摘自青海省西宁市城中区政协文史委编《西宁城中文史资料》第 3 辑，1990 年 10 月印行，第 69 页。
以上伤亡数合计	/	/	近万人	

此外，1937 年至 1945 年，青海省还征送壮丁赴前线对日作战（其中亦有相当伤亡），大大加重了人民的负担，给青海经济的发展造成了重大损失。（见表四）

表四　抗战期间青海省征送壮丁人数统计表（伤亡情况不详）

时间	人数（人）	征送地点或机关	资料出处
1938 年	2500	不详	何应钦：《日军侵华抗战八年史》，台北黎明文化事业公司 1982 年版。
1939 年 1 月至 8 月底	500	交第八战区司令部	《青海省政府工作报告》（1941 年 7 月至 1946 年），青海省档案馆馆藏档案，全宗号 15，案卷号 24，第 65 页。
1941 年	474	不详	何应钦：《日军侵华抗战八年史》，台北黎明文化事业公司 1982 年版。
1942 年	905	不详	同上
1943 年	2130	不详	同上
1944 年	6000	不详	同上
1945 年	6000	不详	同上
合计	18509	/	/

综上所述，据现有可查资料统计，在全国抗战 1937—1945 年的 8 年中，青海省人口伤亡的情况是：（1）西宁市遭空袭死亡 43 人，伤 28 人，共 71 人；（2）全省间接死亡 19 人，其中男性 10 人，女性 9 人[①]；（3）派赴抗日前线参战的将

---

① 《青海省政府关于开展卫生运动、金圆券发行、抗战期内公私财产损失、限制骡马出境办法报告表、指令、训令》（1946 年 2 月至 1948 年 9 月），青海省档案馆馆藏档案，全宗号 15，案卷号 261，第 3 页。

士共 8920 人，伤亡大半①，另征送壮丁共 18509 人（壮丁伤亡情况不详）。

（五）青海省抗战时期的财产损失

1. 直接损失

青海省的财产直接损失主要是指空袭中的公、私房屋损失。抗战期间，日机轰炸不但造成青海省近百人口伤亡，还炸毁青海省会中心——西宁市区民房 449 间、机关房屋 9 处 81 间，受难户共达 169 户（见表五），致使居民财产严重损失。

表五　空袭中被炸灾民公私财产损失表

类别	调查数目	损失情形（1941 年法币）	被炸房屋	损失情形（1941 年法币）	资料出处
被害灾民（民房）	160 户	119000 余元	449 间	480830.33 元②	《青海省政府 1941 年 4、6、7、8、9、10、11、12 月份总报告》，青海省档案馆馆藏档案，全宗号 15，案卷号 20，第 69 页；《1944 年 1 月 19 日甘肃省政府向国立中央研究院社会科学研究所呈送本省空袭损害等统计表的函》，甘肃省档案馆馆藏档案，卷宗号 14－2－566，第 9 页。
受损机关（公房）	9 处	不详	81 间	86742.09 元③	《青海省政府 1941 年 4、6、7、8、9、10、11、12 月份总报告》，青海省档案馆馆藏档案，全宗号 15，案卷号 20，第 70 页；《1944 年 1 月 19 日甘肃省政府向国立中央研究院社会科学研究所呈送本省空袭损害等统计表的函》，甘肃省档案馆馆藏档案，卷宗号 14－2－566，第 98 页。
合计	169 户	119000 余元	530 间	567572.42 元	/

---

① 参见石景堂：《青海骑兵师东征抗日记》，载青海省乐都县政协文史委编《东都文史资料选》第 1 辑，1988 年 4 月印行。

②③ 因无西宁市当时房价的具体资料，此处参照甘肃省 1941 年房屋均价。1941 年甘肃省受敌机空袭损毁房屋 2647 间，估价 2834650 元，因此每间房屋均价 1070.89 元。

2. 间接损失

（1）空袭发生后，青海省政府、省赈济会为灾民筹款拨款，发放棺木抚恤费（见表六）、救济费（见表七、表八）、支付空袭药品药械器材费（见表九）；发放空袭奖慰金和难民寒衣费（见表十）、疏散费、迁移费（见表十一）。同时，省政府向各界呼吁募集救济款、中央银行也配拨青海省赈济会空袭赈济费等（见表十二），对民众进行安置。

表六　青海省赈济会发放炸死人民棺木、卡凡等抚恤费情况表[①]

类别	发放数目（法币）	备注
棺木费	4620 元（棺木 33 付）	共炸死汉民 33 人
卡凡费	287.5 元（卡凡 15 丈）	共炸死回民 5 人
抚恤费	1630 元	炸死警士 5 人，每人发抚恤金 300 元，受伤警士 1 人，发医疗费 10 元，受伤官兵 8 人，共发医疗费 120 元
膳食费	120.5 元	
共　　计	6658 元	

表七　青海省空袭损害及救济情形报告表[②]

时间	地点	赈济情况									
		发给恤金人数及金额（法币）									
		死亡		重伤		轻伤		临特急赈		合计	
		人数	金额	人数	金额	人数	金额	人数	金额	人数	金额
1941 年 6 月	西宁	43 人	6658 元	12 人	6000 元	16 人	3000 元	169 户	50290 元	71 人、169 户	65948 元

表八　青海省赈济会拨发空袭救济费数目表[③]

类别	受损人数	发放款（法币）
被害人民	160 户	22290 元

---

① 《青海省政府 1941 年 4、6、7、8、9、10、11、12 月份总报告》，青海省档案馆馆藏档案，全宗号 15，案卷号 20，第 69 页。

② 《青海省政府 1942 年工作报告》，青海省档案馆馆藏档案，全宗号 15，案卷号 21，第 75 页。

③ 《青海省政府 1941 年 4、6、7、8、9、10、11、12 月份总报告》，青海省档案馆馆藏档案，全宗号 15，案卷号 20，第 72 页。

类别	受损人数	发放款（法币）
受伤机关	9 处	28000 元
重伤	12 人	6000 元
轻伤	16 人	3000 元
总计		59290 元

表九　青海省赈济会支付空袭时备用药品药械及各项器材数目表[①]

类别	款数（法币）	备考
消防器具	4644 元	消防队应用
担架队器具	42.6 元	担架队应用
药品药械	1997.4 元	临时治疗队应用
合计	6684 元	

表十　青海省赈济会拨发空袭奖慰金和难民寒衣费数目表

类别	金额（法币）	备注	资料出处
奖慰金	2000 元	奖慰省会警察局长韩有文	《青海省政府1941年4、6、7、8、9、10、11、12月份总报告》，青海省档案馆馆藏档案，全宗号15，案卷号20，第70页。
难民寒衣费	10000 元		
合计	12000 元	此为1941年6月法币	

表十一　青海省政府发放疏散费、迁移费数目表

名称	款数（法币）	资料出处
省司法行政部拨款	疏散费137000元 迁移费289000元	台北"国史馆"档案，目录统一编号：305，案卷编号：845
合计	426000 元	/

---

① 《青海省政府1941年4、6、7、8、9、10、11、12月份总报告》，青海省档案馆馆藏档案，全宗号15，案卷号20，第69页。

表十二　青海省政府接收中央银行空袭配拨款和本省各界救济款情况表

时间	类别	金额（法币）	资料出处
1941 年 8 月 12 日	中央银行配拨被炸死亡人棺材费	10000 元	《青海省政府 1942 年工作报告》，青海省档案馆馆藏档案，全宗号 15，案卷号 21，第 74—75 页。
1941 年 9 月 23 日	中央银行配拨被炸灾民损失房屋财产等赈济费	90000 元	
1941 年 6 月	地方各界救济款	13500 元	
	其他	73000 元	
合计		186500 元	

（2）青海省抗战时期抚恤费支出情况。

抗战时期，国民政府在 1937 年、1938 年先后颁布《对应征新兵及家属鼓励办法》、《应征入营士兵家庭救济暂行办法》、《优待出征抗敌军人家属办法》、《陆军平战时抚恤暂行条例》、《空军抚恤暂行条例》等优待法规，1939—1945 年青海省由此支出士兵牺牲、病故抚恤费，给予士兵和家属抚恤补助。（见表十三）

表十三　青海省 1939—1945 年士兵牺牲、病故抚恤费支出统计表[①]

年份	抚恤费（元）		
	法币	银元	折合 1937 年 7 月法币
1939 年	/	984 元	984 元[②]
1940 年	/	3039 元	3039 元[③]
1941 年	/	753 元	703.19 元[④]
1942 年	81679 元	/	2016.27 元[⑤]

---

① 青海省地方志编纂委员会：《青海省志·民政志》，青海人民出版社 1993 年版，第 124—125 页。

② 1935 年法币流入青海，与银币等价流通，1937 年法币逐渐贬值（据青海省地方志编纂委员会：《青海省志·物价志》，青海人民出版社 1993 年版，第 9 页）。因此，此处 984 元银币被认同于 1935 年的 984 元法币，保守计算，亦被认同于 1937 年 7 月的 984 元法币。

③ 由于银币基本保值，此处 3039 元银币被认同于 1937 年 7 月的银币，即 3039 元法币。

④ 此时银元价格常在法币 12 元左右，最高时达 19 元（摘自青海省地方志编纂委员会：《青海省志·金融志》，黄山书社 1997 年版，第 40 页），1941 年 7 月法币与 1937 年 7 月法币的比率为 12.85：1（摘自《中华民国统计年鉴》，中华民国三十七年主计部统计局印）；保守计算，此处法币应为 753×12/12.85＝703.19 元。

⑤ 1942 年 7 月法币与 1937 年 7 月法币的比率为 40.51:1（摘自《中华民国统计年鉴》，中华民国三十七年主计部统计局印）。

年份	抚恤费（元）		
	法币	银元	折合 1937 年 7 月法币
1943 年	50000 元	/	297.73 元[①]
1944 年	111583 元	/	219.81 元[②]
1945 年	744000 元	/	292.59 元[③]
合　计	/	/	7552.59 元

（3）抗战期间青海省支援前线筹集献金、寒衣、征送捐献军马、供应军粮和认购的公债。

早在全国抗战爆发时，青海各族人民在听到日本侵略军侵占中国领土的消息后，就与全国人民一样群情激愤，积极抗日，先后成立了青海人民抗敌后援会、国民精神总动员青海分会、西宁教育界学生会、妇女会、工会、商会等各界抗日团体；西宁回中（回教教育促进公立高级中学）师生创办了《星月》半月刊，大力宣传抗日救国，多篇幅登载抗战的言论、报道和文艺作品，共出 30 期，在全省各市县发行外，还寄送西安、兰州、宁夏等地；青海藏传佛教大师、爱国人士喜饶嘉措偕学者杨质夫等，前往蒙藏地区和各大寺院进行抗日救国宣传活动；青海蒙古族驻京人员推选代表深入青海蒙古族二十九旗进行抗日宣传。

全省还多次发起献金、献机、捐寒衣、寄慰问信等活动，积极声援抗日。1938年 2 月全省各界在西宁发起慰问抗战将士献金竞赛，共募集献金 4889.56 元（银元，下同）[④]，互助等六县共募集献金 1973.45 元[⑤]；4 月，青海省各学校响应"中国儿童号飞机"筹募总会发动的募捐活动，共捐款 3643.48 元[⑥]，各学校还号召师生赶织毛袜、毛裤等，捐献前方抗日将士[⑦]；省东塔院道众将东塔院变卖，捐献部分款项慰劳前方将士[⑧]；政府公务员也为"公务员号飞机"捐了款[⑨]。

1938 年 7 月 7 日，为纪念七七事变一周年，青海各族各界群众又在省垣献金三日，全省共献金 6000 余元[⑩]。9 月，为响应武汉各界征信活动，全省各界同

---

① 1943 年 7 月法币与 1937 年 7 月法币的比率为 167.94∶1（摘自《中华民国统计年鉴》，中华民国三十七年主计部统计局印）。

② 1944 年 7 月法币与 1937 年 7 月法币的比率为 507.64∶1（摘自《中华民国统计年鉴》，中华民国三十七年主计部统计局印）。

③ 1945 年 7 月法币与 1937 年 7 月法币的比率为 2542.84∶1（摘自《中华民国统计年鉴》，中华民国三十七年主计部统计局印）。

④⑤⑥⑦⑧⑨⑩ 崔永红等：《青海通史》，青海人民出版社 1999 年版，第 609 页。

胞，各个团体，不分男女老幼一致动员，纷纷写信慰问抗日战士，最后将所征慰问信统一收齐后转交前线；10 月，在全省发起为出征将士征募寒衣活动，征得大量冬衣材料及羊皮 10 万张①。同年年底，又征集寒衣代金 14.48 万元，交驻西宁中央银行寄往前方②。还有节约献金、本省出征将士献金、救国献金等（见表十四）。此外，还有蒙藏王公千百户和塔尔寺僧众捐献军马 3000 匹③，马步芳以个人名义献军马 500 匹。④

从 1939 年 1 月到 1942 年 8 月，全省计征送和捐献军马 6143 匹（见表十五）；民众认购青海胜利公债 100 万元和青海救国公债 50 万元（见表十六）；1942——1945 年，供应军粮（包括征购、征借、委购）达 60 多万石（见表十七）。

表十四　抗战期间青海省支援前线筹集献金及寒衣数目统计表⑤

时间	类别	数量（元）		解送机关
		财物（法币）	折合 1937 年 7 月法币	
1938 年 9 月	寒衣捐	羊皮 10 万张（折合当时法币 190000 元⑥）	142857.14 元⑦	交第八战区司令部
1938 年抗战周年	献金	5764.366 元	4648.68 元⑧	交第八战区司令部
1939 年 2 月	节约献金	5099.46 元	3071.964 元	解新生活运动总会
1939 年 5 月	鞋袜捐	8243.4 元	4431.936 元⑨	不详
1939 年 9 月	寒衣捐折价	90593.138 元	38064.344 元⑩	不详
1939 年 10 月	本省出征将士献金	94513.785 元	37505.47 元⑪	不详

---

① 《青海省政府工作报告》，青海省档案馆藏档案，全宗号 15，案卷号 24，第 67 页。
②③④ 崔永红等：《青海通史》，青海人民出版社 1999 年版，第 609 页。
⑤ 《青海省政府工作报告》（1941 年 7 月至 1946 年），青海省档案馆藏档案，全宗号 15，案卷号 24，第 67—68 页。
⑥ 1938 年羊皮价格为每张 1.9 元（摘自青海省地方志编纂委员会：《青海省志·物价志》，青海人民出版社 1993 年版，第 29 页）。
⑦ 1938 年 9 月法币与 1937 年 7 月法币的比率为 1.33∶1（摘自《中华民国统计年鉴》，中华民国三十七年主计部统计局印）。
⑧ 1938 年 7 月法币与 1937 年 7 月法币的比率为 1.24∶1（摘自《中华民国统计年鉴》，中华民国三十七年主计部统计局印）。
⑨ 1939 年 5 月法币与 1937 年 7 月法币的比率为 1.86∶1（摘自《中华民国统计年鉴》，中华民国三十七年主计部统计局印）。
⑩ 1939 年 9 月法币与 1937 年 7 月法币的比率为 2.38∶1（摘自《中华民国统计年鉴》，中华民国三十七年主计部统计局印）。
⑪ 1939 年 10 月法币与 1937 年 7 月法币的比率为 2.52∶1（摘自《中华民国统计年鉴》，中华民国三十七年主计部统计局印）。

时间	类别	数量（元）		解送机关
		财物（法币）	折合 1937 年 7 月法币	
1940 年 2 月	救国献金	9715.3 元	2840.731 元[①]	奉令汇送本省出征将士
合计	/	羊皮 10 万张，献金 213929.449 元	233420.265 元	/

表十五　抗战期间青海省征送及捐献军马数目统计表

时间	数量（匹）	折合 1937 年 7 月法币（元）	征送地点或机关	资料出处
1939 年 1 月至 8 月底	500	18472.9 元[②]	交贵德军牧场	《青海省政府工作报告》（1941 年 7 月至 1946 年），青海省档案馆馆藏档案，全宗号 15，案卷号 24，第 65 页。
1939 年 9 月至 1940 年 4 月底	1000	55500.0 元[③]	同上	同上
1940 年 5 月至 12 月底	1143	56020.6 元[④]	同上	同上
1942 年 8 月	3500 匹	171541.65 元[⑤]	1942 年 8 月蒋介石到青海视察时，青海王公、僧众及马步芳等捐献，征送地点不详	魏明章：《抗日战争中的青海见闻琐记》，载青海省西宁市城中区政协文史委编《西宁城中文史资料》第 8 辑，1996 年 3 月印行，第 72 页。
合计	6143	301535.15 元	/	/

---

① 1940 年 2 月法币与 1937 年 7 月法币的比率为 3.42：1（摘自《中华民国统计年鉴》，中华民国三十七年主计部统计局印）。

② 1939 年每匹役马为 75 元法币（摘自青海省地方志编纂委员会：《青海省志·物价志》，青海人民出版社 1993 年版，第 32 页），1939 年 7 月法币与 1937 年 7 月法币的比率为 2.03：1（摘自《中华民国统计年鉴》，中华民国三十七年主计部统计局印），每匹军马的价格折合 1937 年 7 月法币为 75/2.03＝36.95 元。

③ 1941 年每匹役马为 421 元法币（摘自青海省地方志编纂委员会：《青海省志·物价志》，青海人民出版社 1993 年版，第 32 页），参照 1939 年与 1941 年的价格估算 1939 年 12 月每匹役马价格为 161.5 元，1939 年 12 月法币与 1937 年 7 月法币的比率为 2.91：1（摘自《中华民国统计年鉴》，中华民国三十七年主计部统计局印），每匹军马的价格折合 1937 年 7 月法币为 161.5/2.91＝55.5 元。

④ 1941 年每匹役马为 421 元法币（摘自青海省地方志编纂委员会：《青海省志·物价志》，青海人民出版社 1993 年版，第 32 页），取 1939 年与 1941 年的平均数估算 1940 年每匹役马价为 248 元，1940 年 7 月法币与 1937 年 7 月法币的比率为 5.06：1（摘自《中华民国统计年鉴》，中华民国三十七年主计部统计局印），每匹军马的价格折合 1937 年 7 月法币为 248/5.06＝49.01 元。

⑤ 1941 年每匹役马为 421 元法币（摘自青海省地方志编纂委员会：《青海省志·物价志》，青海人民出版社 1993 年版，第 32 页），取 1939 年与 1941 年的平均数估算 1940 年每匹役马价为 248 元，1940 年 7 月法币与 1937 年 7 月法币的比率为 5.06：1（摘自《中华民国统计年鉴》，中华民国三十七年主计部统计局印），每匹军马的价格折合 1937 年 7 月法币为 248/5.06＝49.01 元。

表十六　抗战期间青海省认购公债数量统计表[①]

时间	数量（法币）	折合 1937 年 7 月法币
1943 年	150 万元（胜利公债 100 万元，救国公债 50 万元）	8931.76 元[②]

表十七　抗战期间青海省供应军粮数量统计表[③]

时间	供应方式	数量（石）	折合 1937 年 7 月法币（元）
1942 年至 1945 年	征购、征借、委购	600000	2479236 元[④]

3. 青海省抗战时期财产损失的汇总

抗战胜利后，青海省政府在 1946 年 2 月 19 日《青海省政府关于开展卫生运动、金圆券发行、抗战期内公私财产损失、限制骡马出境办法报告表、指令、训令》中，对抗战期内青海省各机关、学校、县局公私财产间接损失进行了总结报告，从而对全省 1937—1945 年八年抗战期内的公私财产间接损失进行了全面总结。

青海省财产损失情况是：(1)征送及捐献军马 6143 匹，折合 1937 年 7 月法币 301535.15 元；(2)西宁市遭日军飞机空袭各种损失（财产损失、房屋损失、抚恤费、救济费、药品药械及器材费、奖慰金、防空费、疏散费）折合 1937 年 7 月法币 105809.37 元；(3)1939－1945 年士兵牺牲、病故抚恤费支出折合 1937 年 7 月法币 7552.59 元；(4)捐羊皮 10 万张，加上所捐献金 213929.449 元（法币），折合 1937 年 7 月法币 233420.26 元；(5)供应军粮 600000 石，折合 1937 年 7 月法币 1983389.12 元；(6)认购公债 1500000 元（法币），折合 1937 年 7 月法币 8931.76 元；(7)青海省各机关学校县局抗战期内公私财产间接损失（迁移费、防空设备费、疏散费、救济费、抚恤费、办公费、房屋、器具、现款、服着物、建筑物、古物书籍、仪器、医药费、图书、军需供应、物价波动）为 11529995568 元（1946

---

① 崔永红等：《青海通史》，青海人民出版社 1999 年版，第 610 页。1941 年每匹役马为 421 元法币（摘自青海省地方志编纂委员会：《青海省志·物价志》，青海人民出版社 1993 年版，第 32 页），取 1939 年与 1941 年的平均数估算 1940 年每匹役马价格为 248 元，1940 年 7 月法币与 1937 年 7 月法币的比率为 5.06：1（摘自《中华民国统计年鉴》，中华民国三十七年主计部统计局印），每匹军马的价格折合 1937 年 7 月法币为 248/5.06＝49.01 元。

② 1943 年 7 月法币与 1937 年 7 月法币的比率为 167.94：1（摘自《中华民国统计年鉴》）。

③ 青海省地方志编纂委员会：《青海省志·民政志》，黄山书社 1998 年版，第 112 页。

④ 因无当时麦价的具体资料，此处取中数按 1943 年年底麦价计算。1943 年年底每市石麦价超过 1000 元法币（摘自《青海省志·物价志》，青海人民出版社 1993 年版，第 9 页），1943 年 12 月法币与 1937 年 7 月法币的比率为 242.01：1（摘自《中华民国统计年鉴》，中华民国三十七年主计部统计局印），每石小麦的价格应折合 1937 年 7 月法币 1000/242.01＝4.13206 元。

年 2 月法币），折合 1937 年 7 月法币为 4474279.89 元①。累计财产总损失折合 1937 年 7 月法币 7114918.14 元。

（六）结　论

全国抗战期间，青海作为大后方，远离战争前线，与日本本土离得更是遥远，而侵华日军的飞机却肆虐在西宁的上空，对这座城市进行疯狂的轰炸，惨杀无辜，使青海民众遭受严重的战争损失。根据本次调研成果综合的情况，整个抗日战争期间，青海省的人口伤亡不少（达数千人），财产损失（折合 1937 年 7 月法币）达 7114918 元②。这是历史的铁证，是日本侵略者永远无法抹去的战争罪行。同时需要说明的是，由于年代久远，搜集资料困难等客观原因，我们在调研中得出的青海省抗日战争时期人口伤亡和财产损失基本数据，还是限于目前资料和研究水平的尚不完整的数据，并不是最终结果。今后，我们将继续推进本课题调研工作，以期在掌握更多资料和取得研究新成果的基础上对有关数据再做出修订和补充。

青海省抗战时期人口伤亡和财产损失有以下三个特点：

其一，与全国其他地方遭到的惨绝人寰的"三光"政策、细菌战、毒气战等相比而言，作为抗战大后方的青海省，当时的社会经济和人口遭受损失的情况虽然没有那么惨烈和巨大，然而，日军轰炸青海西宁的侵略性质是不可改变的，给青海人民造成的人口伤亡和财产损失是严重的。

其二，日军对西宁的轰炸给青海人民造成的心灵创伤是持久的，永远不能忘记。

其三，严重的战争损失在一个时期内改变了青海经济和人口发展的某些历史轨迹，一定程度上改变了人们的思维方式和行为方式，以至影响持续到今天。它时时地提醒我们：永远不要忘记中华民族受侵略、受凌辱的这段历史，忘记历史就是背叛！

责任人：李　敏

执笔者：李亚玲

修改者：常东海

审定者：张世华

---

① 据青海省各机关学校县局抗战期内公私财产间接损失总报告表（1937 年 9 月 7 日—1945 年 12 月）统计，抗战期间间接财产损失为法币 11547910343 元。由于该报告所列的位于西宁市的 4 处机关的房屋损失（地政局 48000 元、合管处 9400000 元、警察局 8426775 元、昆仑中学 40000 元）已含在西宁市遭日军飞机空袭造成的损失中，计算总的财产损失时应避免重复统计。所以，扣除日军飞机空袭造成的西宁市 4 处机关的房屋损失，青海省各机关学校县局抗战期内公私财产间接损失为法币 11529995568 元，折合 1937 年 7 月法币为 4474279.89 元。

② 此数字是依据本次调研成果综合而成，由于年代久远，资料尚有缺失及当事人记忆难免存在误差等多方面原因，难以绝对准确，期待今后继续挖掘史料，进一步研究，使有关数据更加充实、完善。

二、统 计 表

青海省抗日战争时期人口伤亡与财产损失

表一 青海省西宁市遭日军空袭人口伤亡统计表[①]

时间	受害者	受害地点	死亡人数				重伤人数				轻伤人数			
			总计	其中			总计	其中			总计	其中		
				男	女	童		男	女	童		男	女	童
1941年6月23日	汪生祯家	南玉井巷30号	4	4	/	/	1	/	1	/	/	/	/	/
	魏香坊家	北大街中段东侧	1	1	/	/	/	/	/	/	/	/	/	/
	崔青云家	南北玉井巷交界处	1	1	/	/	/	/	/	/	/	/	/	/
	白口袋匠家	后后街中段北侧	3	1	1	1	/	/	/	/	/	/	/	/
	罗七爷家	下饮马街北段西侧	3	1	1	1	/	/	/	/	/	/	/	/
	吴斗斗家	观门街中段东侧	4	1	1	2	1	/	/	1	/	/	/	/
	老张爷	南北玉井巷交汇处南侧	1	1	/	/	/	/	/	/	/	/	/	/
	金昱	昆仑中学伙房	1	1	/	/	/	/	/	/	/	/	/	/
	铁占林	水城门清真寺西	1	1	/	/	/	/	/	/	/	/	/	/
	鲁生海	观门街西侧从北向南第2条西巷道	1	1	/	/	/	/	/	/	/	/	/	/
	韩宗玉	南玉井巷中段南侧	/	/	/	/	1	/	1	/	/	/	/	/
	警士	府门街、下饮马街等	5				/	/	/	/	1	1	/	/
	官兵	不详	/	/	/	/	/	/	/	/	8	8	/	/

① 资料出处：朱世奎口述：《关于日机轰炸西宁的几个史料考证》，原件存中共青海省委党史研究室；石葵：《不应忘却的惨案——为西宁1941辛巳死难者默哀》，载青海省西宁市城中区政协文史委编《西宁城中文史资料》第17辑，2005年12月印行，《青海省政府1941年4、6、7、8、9、10、11、12月份总报告》，青海省档案馆馆藏档案，全宗号15，案卷号20，第68页。

时间	受害者	受害地点	死亡人数	重伤人数	轻伤人数
	不详	不详	18	9	7
	合计	共伤亡71人	43	12	16

表二[注：该表已收入本书"资料"部分，列为其中"（一）档案资料"第4件，此处内容从略]。据该表即"青海省各机关学校县局抗战期内公私财产间接损失总报告表（民国二十六年九月七日起至三十四年十二月止）"①统计，青海省抗战期间人口间接死亡19人，其中男性10人，女性9人。

表三　青海骑兵师出省抗战人员伤亡统计表

时间	地点	内容	伤亡概况	资料出处
1939年9月8日至25日	河南淮阳、开封	与日军作战	总计伤亡2000余人，其中：第一阶段，牺牲官兵200余人，旅长马秉忠、营长李国勋、连长赵清心、排长郑成功、郑成仁牺牲，营长车进椿、霍世魁及副营长、排长负重伤；第二阶段，牺牲官兵10余人，韩有才营副营长马某、连长马长寿、排长马占龙负伤；第三阶段，该师伤亡颇重，旅参谋长石景堂、营长梁某某、副营长何振德等负伤	青海省地方志编纂委员会：《青海省志·大事记》，青海人民出版社2001年版，第148页；石景堂等：《青海骑兵师东征抗日历次战役、战斗及其他情况》，载青海省乐都县政协文史委编《乐都文史资料选》第1辑，1988年4月印行，第20—52页。
1939年秋	黄泛区万寨	与日军作战	略有伤亡	石景堂等：《青海骑兵师东征抗日历次战役、战斗及其他情况》，载青海省乐都县政协文史委编《乐都文史资料选》第1辑，1988年4月印行，第20—52页。
1939年12月	黄泛区通许、太康等地白马庙等8个沿河村寨	与日、伪军作战	伤亡27人	同上

---

① 资料出处：《青海省政府关于开展卫生运动、金圆券发行、抗战期内公私财产损失、限制骡马出境办法报告表、指令、训令》（1946年2月至1948年9月），青海省档案馆馆藏档案，全宗号15，案卷号261，第3页。

时间	地点	内容	伤亡概况	资料出处
1940年8月	河南涡河沿线	与日军作战，日军施放毒气	第3团和工兵连伤亡500余人	同上
1942年3月下旬	河南淮阳、宝塔	与日军作战	第一阶段：10余名官兵投河牺牲；第二阶段：马元祥旅长受伤，人员伤亡惨重	同上
1942年9月	皖北怀远县城	与日军作战	牺牲20余名官兵，团长冶进全牺牲	同上
1943年初夏	皖北阜阳、临泉、颍上	阻止日军	伤亡颇重，副师长卢广伟及其2名卫士牺牲，冶有禄团伤亡100余人	同上
1944年8月	湖南境内	与日军作战	青海抗日战将马登云牺牲	崔永红等：《青海通史》，青海人民出版社1999年版，第612页。
1944年	河南陕县	轰炸日军兵工厂	空军大队长朱祥等16人牺牲	朱世达：《抗日战争中的空军大队长朱祥》，摘自青海省西宁市城中区政协文史委编《西宁城中文史资料》第3辑，1990年10月印行，第69页。
以上伤亡数合计	/	/	近万人	

说明：因资料缺失，此表记载的青海骑兵师伤亡人员不够详细和全面。据《青海省志·大事记》第147页记载，当时出征的青海士兵有8000人；石景堂等撰写的《青海骑兵师东征抗日历次战役、战斗及其他情况》（见《乐都文史资料选》第1辑第45页）记载，后来青海补充500余人，又从陕西安康地区拨收新兵700名，由河南项城、淮阳、汝南、上蔡、新蔡、邱、商水等县接收2000名，还有自行参军的内地青年学生和壮丁300余名，中央分配给该师的军校生及参谋等人员26名；石景堂撰写的《青海骑兵师东征抗日日记》（见《乐都文史资料选》第1辑第17页）记载，该师八年抗日，伤亡大半，剩余有数。

表四 青海省抗战期间征送士兵、马夫人数统计表

时间	类别	人数	征送地点或机关	资料出处
1937年9月	骑兵	8000	赴前防作战	青海省地方志编纂委员会：《青海省志·大事记》，青海人民出版社2001年版，第147页；《青海省政府工作报告》（1941年7月至1946年），青海省档案馆馆藏档案，全宗号15，案卷号24，第65页。
	炮兵、驭手	300		
	马夫	120		

时间	类别	人数	征送地点或机关	资料出处
抗战期间	士兵	500		石景堂等：《青海骑兵师东征抗日历次战役、战斗及其他情况》，载青海省乐都县政协文史委编《乐都文史资料选》第 1 辑，1988 年 4 月印行，第 51 页。
合计	/	8920	/	/

表五　青海省抗战期间征送壮丁人数统计表

时间	人数	征送地点或机关	资料出处
1938 年	2500	不详	何应钦：《日军侵华抗战八年史》，台北黎明文化事业公司 1982 年版。
1939 年 1 月至 8 月底	500	交第八战区司令部	《青海省政府工作报告》（1941 年 7 月至 1946 年），青海省档案馆馆藏档案，全宗号 15，案卷号 24，第 65 页。
1941 年	474	不详	何应钦：《日军侵华抗战八年史》，台北黎明文化事业公司 1982 年版。
1942 年	905	不详	同上
1943 年	2130	不详	同上
1944 年	6000	不详	同上
1945 年	6000	不详	同上
合计	18509	/	/

表六　青海省抗战期间征送及捐献军马数目统计表

时间	数量（匹）	折合 1937 年 7 月法币（元）	征送地点或机关	资料出处
1939 年 1 月至 8 月底	500	18472.9①	交贵德军牧场	《青海省政府工作报告》（1941 年 7 月至 1946 年），青海省档案馆馆藏档案，全宗号 15，案卷号 24，第 65 页。

---

① 1939 年每匹役马为 75 元法币（摘自青海省地方志编纂委员会：《青海省志·物价志》，青海人民出版社 1993 年版，第 32 页），1939 年 7 月法币与 1937 年 7 月法币的比率为 2.03：1（摘自《中华民国统计年鉴》，中华民国三十七年主计部统计局印），每匹军马的价格折合 1937 年 7 月法币为 75/2.03＝36.95 元。

时间	数量（匹）	折合 1937 年 7 月法币（元）	征送地点或机关	资料出处
1939 年 9 月至 1940 年 4 月底	1000	55500.0[①]	同上	同上
1940 年 5 月至 12 月底	1143	56020.6[②]	同上	同上
1942 年 8 月	3500 匹	171541.65[③]	1942 年 8 月蒋介石到青海视察时，青海王公、僧众及马步芳等捐献，征送地点不详	魏明章：《抗日战争中的青海见闻琐记》，载青海省西宁市城中区政协文史委编《西宁城中文史资料》第 8 辑，1996 年 3 月印行，第 72 页。
合　计	6143	301535.15	/	/

表七　青海省西宁市遭日军空袭财产损失统计表

时间	受损项目	直接损失（法币）	间接损失（法币）	资料出处
1941 年 6 月 23 日	民房	449 间，计 480830.33 元[④]	/	《青海省政府 1941 年 4、6、7、8、9、10、11、12 月份总报告》，青海省档案馆馆藏档案，全宗号 15，案卷号 20，第 69 页；《1944 年 1 月 19 日甘肃省政府向国立中央研究院社会科学研究所呈送本省空袭损害等统计表的函》，甘肃省档案馆馆藏档案，卷宗号 14－2－566，第 98 页。

---

① 1941 年每匹役马为 421 元法币（摘自青海省地方志编纂委员会：《青海省志·物价志》，青海人民出版社 1993 年版，第 32 页），参照 1939 年与 1941 年的价格估算 1939 年 12 月每匹役马价格为 161.5 元，1939 年 12 月法币与 1937 年 7 月法币的比率为 2.91∶1（摘自《中华民国统计年鉴》，中华民国三十七年主计部统计局印），每匹军马的价格折合 1937 年 7 月法币为 161.5/2.91＝55.5 元。

② 1941 年每匹军马为 421 元法币（摘自青海省地方志编纂委员会：《青海省志·物价志》，青海人民出版社 1993 年版，第 32 页），取 1939 年与 1941 年的平均数估算 1940 年每匹役马价格为 248 元，1940 年 7 月法币与 1937 年 7 月法币的比率为 5.06∶1（摘自《中华民国统计年鉴》，中华民国三十七年主计部统计局印），每匹军马的价格折合 1937 年 7 月法币为 248/5.06＝49.01 元。

③ 参照 1940 年每匹军马约折合 1937 年 7 月法币 56020.6/1143＝49.01 元，3500 匹军马约折合 1937 年 7 月法币 49.01×3500＝171541.65 元。

④ 因无西宁市当时房价的具体资料，此处参照甘肃省 1941 年房屋均价。1941 年甘肃省受敌机空袭损毁房屋 2647 间，估价 2834650 元，因此每间房屋均价 1070.89 元。

时间	受损项目	直接损失（法币）	间接损失（法币）	资料出处
	公房	81 间，计 86742.09 元③①	/	《青海省政府 1941 年 4、6、7、8、9、10、11、12 月份总报告》，青海省档案馆馆藏档案，全宗号 15，案卷号 20，第 70 页；《1944 年 1 月 19 日甘肃省政府向国立中央研究院社会科学研究所呈送本省空袭损害等统计表的函》，甘肃省档案馆馆藏档案，卷宗号 14－2－566，第 98 页。
	居民财产	119000 元	/	《青海省政府 1941 年 4、6、7、8、9、10、11、12 月份总报告》，青海省档案馆馆藏档案，全宗号 15，案卷号 20，第 69 页。
	省赈济会拨款	/	为受害人发放抚恤金 65948 元，支付空袭药品药械及器材费 6682.04 元，为 160 户被害人民发放救济费 22290 元，为 9 处受损机关发放救济费 28000 元，奖励警察局长 2000 元，拨发难民寒衣费 10000 元（总计 134920.04 元）	《青海省政府 1941 年 4、6、7、8、9、10、11、12 月份总报告》，青海省档案馆馆藏档案，全宗号 15，案卷号 20，第 69、70、72 页；《青海省政府 1942 年工作报告》，青海省档案馆馆藏档案，全宗号 15，案卷号 21，第 75 页。
	省司法行政部拨款	/	疏散费 137000 元，迁移费 289000 元（合计 426000 元）	台北"国史馆"档案，目录统一编号：305，案卷编号：845
总计	/	1247492.46 元		
		折合 1937 年 7 月法币 105809.37 元②		

---

① 因无西宁市当时房价的具体资料,此处参照甘肃省1941年房屋均价。1941年甘肃省受敌机空袭损毁房屋2647 间，估价 2834650 元，因此每间房屋均价 1070.89 元。

② 1941 年 6 月法币与 1937 年 7 月法币的比率为 11.79：1（摘自《中华民国统计年鉴》，中华民国三十七年主计 部统计局印）。

表八　青海省 1939—1945 年士兵牺牲、病故抚恤费支出统计表[①]

年份	抚恤费（元）		
	法币	银元	折合 1937 年 7 月法币
1939 年	/	984	984[②]
1940 年	/	3039	3039[③]
1941 年	/	753	703.19[④]
1942 年	81679	/	2016.27 元[⑤]
1943 年	50000	/	297.73[⑥]
1944 年	111583	/	219.81[⑦]
1945 年	744000	/	292.59[⑧]
合　计	/	/	7552.59

表九　青海省抗战期间支援前线筹集献金及寒衣数目统计表[⑨]

时间	类别	数量（元）		解送机关
		财物（法币）	折合 1937 年 7 月法币	
1938 年 9 月	寒衣捐	羊皮 10 万张（折合当时法币 190000 元[⑩]）	142857.14[⑪]	交第八战区司令部

---

① 青海省地方志编纂委员会：《青海省志·民政志》，黄山书社 1998 年版，第 124—125 页。

② 1935 年法币流入青海，与银币等价流通，1937 年法币逐渐贬值（参见青海省地方志编纂委员会《青海省志·物价志》，青海人民出版社 1993 年版，第 9 页）。因此，此处 984 元银币被认同于 1935 年的 984 元法币，保守计算，亦被认同于 1937 年 7 月的 984 元法币。

③ 由于银币基本保值，此处 3039 元银币被认同于 1937 年 7 月的银币，即 3039 元法币。

④ 此时银元价格常在法币 12 元左右，最高时达 19 元（摘自青海省地方志编纂委员会《青海省志·金融志》，黄山书社 1997 年版，第 40 页），1941 年 7 月法币与 1937 年 7 月法币的比率为 12.85：1（摘自《中华民国统计年鉴》中华民国三十七年主计部统计局印），保守计算，此处法币应为 753×12/12.85＝703.19 元。

⑤ 1942 年 7 月法币与 1937 年 7 月法币的比率为 40.51：1（摘自《中华民国统计年鉴》，中华民国三十七年主计部统计局印）。

⑥ 1943 年 7 月法币与 1937 年 7 月法币的比率为 167.94：1（摘自《中华民国统计年鉴》，中华民国三十七年主计部统计局印）。

⑦ 1944 年 7 月法币与 1937 年 7 月法币的比率为 507.64：1（摘自《中华民国统计年鉴》，中华民国三十七年主计部统计局印）。

⑧ 1945 年 7 月法币与 1937 年 7 月法币的比率为 2542.84：1（摘自《中华民国统计年鉴》，中华民国三十七年主计部统计局印）。

⑨ 《青海省政府工作报告》（1941 年 7 月至 1946 年），青海省档案馆馆藏档案，全宗号 15，案卷号 24，第 67—68 页。

⑩ 1938 年羊皮价格为每张 1.9 元（摘自青海省地方志编纂委员会：《青海省志·物价志》，青海人民出版社 1993 年版，第 29 页）。

⑪ 1938 年 9 月法币与 1937 年 7 月法币的比率为 1.33：1（摘自《中华民国统计年鉴》，中华民国三十七年主计部统计局印）。

时间	类别	数量（元）		解送机关
		财物（法币）	折合 1937 年 7 月法币	
1938 年抗战周年	献金	5764.366	4648．68①	交第八战区司令部
1939 年 2 月	节约献金	5099.46	3071.96②	解新生活运动总会
1939 年 5 月	鞋袜捐	8243.4	4431.94③	不详
1939 年 9 月	寒衣捐折价	90593.138	38064.34④	不详
1939 年 10 月	本省出征将士献金	94513.785	37505.47⑤	不详
1940 年 2 月	救国献金	9715.3	2840.73⑥	奉令汇送本省出征将士
合　计	/	羊皮 10 万张,献金 213929.449	233420.26	/

表十　青海省抗战期间供应军粮数量统计表⑦

时间	供应方式	数量（石）	折合 1937 年 7 月法币（元）
1942 年至 1945 年	征购、征借、委购	600000	2479236 元⑧

---

① 1938 年 7 月法币与 1937 年 7 月法币的比率为 1.24∶1（摘自《中华民国统计年鉴》，中华民国三十七年主计部统计局印）。

② 1939 年 2 月法币与 1937 年 7 月法币的比率为 1.66∶1（摘自《中华民国统计年鉴》，中华民国三十七年主计部统计局印）。

③ 1939 年 5 月法币与 1937 年 7 月法币的比率为 1.86∶1（摘自《中华民国统计年鉴》，中华民国三十七年主计部统计局印）。

④ 1939 年 9 月法币与 1937 年 7 月法币的比率为 2.38∶1（摘自《中华民国统计年鉴》，中华民国三十七年主计部统计局印）。

⑤ 1939 年 10 月法币与 1937 年 7 月法币的比率为 2.52∶1（摘自《中华民国统计年鉴》，中华民国三十七年主计部统计局印）。

⑥ 1940 年 2 月法币与 1937 年 7 月法币的比率为 3.42∶1（摘自《中华民国统计年鉴》，中华民国三十七年主计部统计局印）。

⑦ 青海省地方志编纂委员会：《青海省志·民政志》，黄山书社 1998 年版，第 112 页。

⑧ 因无当时麦价的具体资料，此处取中数按 1943 年年底麦价计算。1943 年年底每市石麦价达到 800 元法币（摘自青海省地方志编纂委员会：《青海省志·物价志》，青海人民出版社 1993 年版，第 9 页），1943 年 12 月法币与 1937 年 7 月法币的比率为 242.01∶1（摘自《中华民国统计年鉴》，中华民国三十七年主计部统计局印），每石小麦的价格应折合 1937 年 7 月法币 800/242.01=3.30564853 元。

表十一　青海省抗战期间认购公债数量统计表[①]

时间	数量（法币）	折合 1937 年 7 月法币
1943 年	胜利公债 1000000 元，救国公债 500000 元（合计 1500000 元）	8931.76 元[②]

表十二[注：该表已收入本书"资料"部分，列为其中"（一）档案资料"的第 4 件，此处内容从略]。据该表即"青海省各机关学校县局抗战期内公私财产间接损失总报告（表民国二十年九月七日起至民国三十四年十二月止）"[③]统计，青海省抗战期间的间接财产损失为法币 11547910343 元。因表中所列的位于西宁市的 4 处机关的房屋损失（地政局 48000 元、合管处 9400000 元、警察局 8426775 元、昆仑中学 40000 元）已含在西宁市遭日机轰炸损失的 81 间公房中，鉴于表六已作统计，计算总的财产损失时应从此表中扣除。因此，扣除轰炸造成的公房损失后，青海省各机关学校县局抗战期内公私财产间接损失为法币 11529995568 元，折合 1937 年 7 月法币为 4474279.89 元[④]。

总计：据以上表格一至五所列，抗日战争期间，青海省人口伤亡情况是：西宁市遭空袭死亡 43 人，伤 28 人；全省间接死亡 19 人，其中男性 10 人，女性 9 人；派赴前线参战将士 8920 人，征送壮丁 18509 人，先后伤亡近万人（不含壮丁伤亡数）。据以上表格六至十二所列，青海省财产损失情况是：征送及捐献军马 6143 匹，折合 1937 年 7 月法币 301535.15 元；西宁市遭日军空袭各种损失（财产损失、房屋损失、抚恤费、救济费、药品药械及器材费、奖慰金、防空费、疏散费）折合 1937 年 7 月法币 105809.37 元；1939—1945 年士兵牺牲、病故抚恤费支出折合 1937 年 7 月法币 7552.59 元；捐羊皮 10 万张，加上所捐献金法币 213929.449 元，折合 1937 年 7 月法币 233420.26 元；供应军粮 600000 石，折合 1937 年 7 月法币 1983389.12 元；认购公债 1500000 元，折合 1937 年 7 月法币 8931.76 元；各机关学校县局抗战期内公私财产间接损失（迁移费、防空设备费、疏散费、救济费、抚恤费、办公费、房屋、器具、现款、服着物、建筑物、古物书籍、仪器、医药费、图书、军需供应、物价波动）为法币 11529995568 元，折

① 魏明章：《抗日战争中的青海见闻琐记》，摘自青海省西宁市城中区政协文史委编：《西宁城中文史资料》第 8 辑，1996 年 3 月，第 72 页。

② 1943 年 7 月法币与 1937 年 7 月法币的比率为 167.94∶1（摘自《中华民国统计年鉴》，中华民国三十七年主计部统计局印）。

③ 《青海省政府关于开展卫生运动、金圆券发行、抗战期内公私财产损失、限制骡马出境办法报告表、指令、训令》（1946 年 2 月至 1948 年 9 月），青海省档案馆馆藏档案，全宗号 15，案卷号 261，第 3 页。

④ 1937 年 7 月与 1946 年 2 月的法币比率为 1∶2576.95（《中华民国统计年鉴》，中华民国三十七年主计部统计局印）。

合 1937 年 7 月法币为 4474279.89 元。累计财产总损失折合 1937 年 7 月法币
7114918.14 元。

责任人：李　敏

执笔者：董秀章

修改者：常东海

审定者：张世华

青海省委党史研究室

2014 年 1 月

三、资 料

（一）档案资料^①

1. 青海省赈济会抗战期间拨发空袭赈济费情况

（申）其他工作概况

（甲）振 济 会

（子）救 济

（一）急救省会被炸死伤灾民之经过

查本年^②六月二十三日，省会遭受敌机轰炸，死伤人民甚多，炸毁房屋器具，亦属不少，情状极为凄惨！当由本会会同省会警察局，将死伤灾民，调查清楚后，即将炸死警士及人民，分别回汉族礼俗，发给卡凡，棺木，即日掩埋，以安幽魂；并发抚恤费，所有炸伤人民，送往各医院，施药医治，并对于贫寒灾民，由本会筹发膳食费，以资救济。兹将被灾死伤灾民数目，及发放棺木卡凡等，抚恤费数目，列表附后：

青海省省会三十年度遭受空袭伤亡人数表

被炸月日	被炸地点	伤亡人数		
		死亡	重伤	轻伤
六月二十三日	青海省会	四三人	一二人	一六人

备考：一、死亡数内有警士五人其余均人民

---

① 以下档案资料中，涉及财产损失的货币统计数据，凡未标明币种者均为法币（亦称为国币），凡标明货币单位者均以"元"为单位。特此说明。

② 本年，指 1941 年。

二、重伤数目均系人民

三、轻伤数内有人民七人警士一人官兵八人

青海省振济会发放炸死人民棺木卡凡等抚恤费数目表

类别	发放数目	备注
棺木费	四千六百二十元（棺木三十三付）	共炸死汉民三十三人
卡凡费	二百八十七元五角（卡凡一十五丈）	共炸死回民五人
抚恤费	一千六百三十元	炸死警士五名每人发恤金三百元受伤警士一名发医疗费一十元受伤官兵八人共发医疗费一百二十元
膳食费	一百二十元五角	
合　计	六千六百五十八元	

（二）筹办空袭善后事宜

自抗战以来，本省从未遭受敌机之轰炸，对于空袭时之一切处理，多未设备齐全，不料于六月二十三日，惨遭首次轰炸，本会特召开临时委员会议，商讨本市防空及救护事宜，决议赶速组织空袭消防队，担架队，临时治疗队，□即分头工作，并分配西宁县政府，管理重伤难民食粮（经费由本会发给）省党部，西宁县党部，调查难民财务损失，本会及省警察局，办理施振，消防队由省训练团省警察局负责担任，所有应用器具，由省警察局购置，经费由本会筹发，担架队由警察分局负责，按保甲编组，输流服务，每保须组织十组，每组二人，所用器具，由各保自己置用，并由本会制发单双人臂章，以示区别，临时医疗队，除卫生处，中山医院，当然负责外，并征调全市各私立医院医士，责由本会召集组织，其工作由卫生处负责分配，所有应用药品药械等，由本会拨款购置，发交省卫生处，中山医院分配，并将支□消防器具，担架队应用器具，治疗队应用药品药械等费，列表附后：

青海省振济会支付空袭时备用药品药械及各项器材数目表

类别	款数	备考
消防器具	四千六百四十四元	消防队应用
担架队器具	四十二元六角	担架队应用
药品药械	一千九百九十七元四角四分	临时治疗队应用
合计	六千六百八十二元零四分	

（三）调查被炸灾民及公私财产损失情形

自六月二十三日，省城惨遭轰炸后，除将被炸死伤灾民，由本会分别发给棺木卡凡，及抚恤费，刻日掩埋安置外，当即函请省党部，省警察局，详细调查被灾人民，及公私财产损失，以便办理抚恤事宜去后，兹准该部局函送调查表到会，附被炸灾民数目，及公私财产损失表于后：

青海省振济会调查被炸灾民人数及公私财产损失表

类别	调查数目	损失情形	炸毁房屋	备考
被害灾民	共一百六十户	共一十一万九千余元	共四四九间	
受损机关	共九处	不详	共八一间	
合　计	共一百六十九户		共五三〇间	
其　他				

（四）奖慰省会警察局长韩有文

敌机轰炸省垣之际，省会警察局长韩有文，指挥部属，克尽厥职，以致身遭危险，衣物损失净尽，本会深佩该员负责辛勤，又为体念物力艰难，着在振款项下，拨发国币二千元，以资慰劳，而示奖励。

（五）电拨本省难民寒衣费

奉振济委员会电拨本省难民寒衣费一万元一案本会拟会同有关机关赶速调查俾资配拨而救灾胞。

（六）电请拨款施振灾民

青省去岁旱涝成灾，民食极感困难，虽承各方拨款振济，但因灾情过巨，尤感杯水车薪，今年以来，各地禾稼，□夏尚好，人民均望丰收，以补疮痍，不料时至新秋，各地惨遭冰雹，禾稼打伤殆尽，又复酿成巨灾，迭据湟源，化隆，亹源，互助，大通，西宁，乐都等县，先后报请拨款振济，以救民命到会，当即一面令饬各该县政府详细勘查，一面电请振济委员会，拨款施振。

（七）勘查各县雹灾详情

本年入秋以来，各地惨遭雹灾，禾稼打伤殆尽，农民环地泣号，情状甚为凄惨，当由本会饬各县政府，切实履亩详勘，具报，以凭核办，去后，兹据各该县政府列表具复到会，转请减免粮赋外，尤将群情缕呈中枢当局，核办施振，以救民命，其灾情表附后：

机关名称	姓名	拨款	备考
军事委员会	蒋委员长	五〇〇〇〇 〇〇〇	
振济委员会		一〇〇〇〇 〇〇〇	
八战区司令长官	朱绍良	三〇〇〇 〇〇〇	
骑五军军长	马步青	二〇〇〇 〇〇〇	
互助县各界		三〇〇〇 〇〇〇	
湟源县各界		二〇〇〇 〇〇〇	
乐都县各界		一〇〇〇 〇〇〇	
化隆县各界		六〇〇〇 〇〇〇	
亹源县各界		一五〇〇 〇〇〇	

（八）拨发被灾民及团体空袭损失费

准省党部，省警察局，会送被炸人民团体财产损失，及轻重伤灾民调查表到会，当经本会第九次委员会议决议：依照调查情形，分别拨款救济，所发详细数目，列表附后：

青海省振济会拨发空袭救济费数目表

类别	受损户（人）数	发放款	备考
被害人民	共一百六十户	共二万二千二百九十元	
受损机关	共九处	共二万八千元	
重伤	共一十二人	共六千元	
轻伤	共一十六人	共三千元	

（九）增拨防疫药品费

准振济委员会电：增拨青省，疫药救济费一万元，已进汇西北防疫处，购买白喉血清，连交本会施振一案，本会已面商西北防疫处，赶速将上项药品配运，□资施援，而应备需。

（乙）训 练 团

（一）省训练团之继续扩大

本府为实施□县制，并促进地方自治□建设，依照县各级干部人员训练大纲，并参酌本省实际情况，于二十九年三月，设立青海省行政干部训练团，调训全省各级干部人员，计省府各应处局，及省部，法院，各县政府，各特税局行政人员，与各县区郊的保长，并各人民团体负责人员，教育界男女人员，分为一二三期，分别予以训练，计共训练二千八百七十名，内有行政□□为四百零七名，至三十年度，本会为扩大训练机构，培养未来干部人员，于二十九年十一月复招考会计，合作，党务，蒙藏语文研究，医务，童子军，分别设班，予以训练。

（二）指导考核之办理

（子）设计：本年度，在省训练团训练人员为各干部人员，施□招考中小学校学生合格者，分党务，会计，蒙藏语文；童军，医务，合作人员分别设班训练之；当党务班结束后，继续训练地政人员，以资现时之需要。

（《青海省政府1941年4、6、7、8、9、10、11、12月份总报告》，青海省档案馆馆藏，全宗号15，案卷号20，第68、69、70、72页）

2. 青海省赈济会抗战期间接收及拨发空袭赈济费情况表

三十年度 青海省振济会领用振济费支配情形报告表

月份\数额事项	款额	事由	支用情形	余款处理情形	领款银行	日期	备考
一	20000元	核拨青难民救济费	配放各灾区急赈款		中央银行	一月十日	
二							
三							
四	20000元	加拨青省各县救济费	配拨各灾区购散粮放籽种		中央银行	四月十八日	
五							
六							
七							
八	10000元 30000元	拨发青省空袭救济费 加拨青省振款	配拨被炸死亡人棺材费 配拨各地疫病救济费		中央银行 农民银行	八月十二日 八月十二日	
九	90000元	加拨青省空袭救济费	配拨被炸灾民损失房屋财产等赈济费		中央银行	九月二十三日	
十	2000元 5000元	拨互助等县雹灾救济费 拨湟源等县雹灾救济费	配拨购粮散放籽种		中央银行	十月十日	
十一							
十二	5000元 10000元	加拨互助等县雹灾救济费 核拨本省难民寒衣费	配拨各灾区购散粮放籽种 拨会同有关机关赶速调查灾民		中央银行 中国银行	十二月三十日 十二月三十日	
总计	192000元						

三十年度　青海省空袭损害及救济情形报告表

月份	被炸地点	损害情形 投弹数目 爆炸	烧夷	其他	合计	死伤人数 死亡	轻伤	重伤	其他	合计	房屋及财产损失 房屋	牲畜	其他	振济情况 发给临金人数及金额 死亡 人数	死亡 金额	重伤 人数	重伤 金额	轻伤 人数	轻伤 金额	临特急振 人数	临特急振 金额	合计 人数	合计 金额	振款来源 本会 金额	地方或团体	其他	不足或结存	备考 附注
6	省会	二〇四〇枚			二四四三〇枚		一六一二人	一八人		七一五三人	五三〇间		二九〇〇〇元	四三八人	六六八五〇元		六〇〇〇元	一六人	三〇〇〇元	一六九户	五〇一六二九元	一六九户七一〇人	六三九四八一元	一〇〇〇〇〇元	一三五〇〇元	七三〇〇〇元	〇	

（《青海省政府1942年工作报告》，青海省档案馆馆藏，全宗号15，案卷号21，第74、75页）

3．青海省抗战期间征送壮丁、军马及筹集献金情况

青海省政府秘书处工作报告

工作概况

一、征送壮丁及军马

青海省征送壮丁军马数目表

类别	数目	起止月份	征送地点或机关	备注
骑兵	两师	二十七年九月	赴前防作战	
炮兵驭手	三百名	同前	赴前防作战	
马夫	一百二十名	同前	赴前防	
壮丁	一千名	自廿七年五月份截至十二月底止	交第八战区司令部	
壮丁	五百名	自廿八年一月份起至八月底止	同前	
军马	五百匹	同前	交贵德军牧场	
军马	一千匹	自二十九年九月份起至十二月底止	同前	
军马	一千二百四十三匹	自二十九年五月份起至十二月底止	同前	查二十九年份应交替丁军马业经交清长交军马一百四十一匹作为三十年份替丁军马

二、查获汉奸及敌方间谍

青海省查获汉奸及敌方间谍一览表

姓名	人数	籍贯	查获日期	查获情形	查获地点	处置办法
马选三	一人	绥远丰镇	二十七年五月十八日	间谍犯	省会	解送第八战区司令部讯办
杉荣	一人	察哈尔多伦县镶白旗人	同前	同前	亹源乡间	同前

姓名	人数	籍贯	查获日期	查获情形	查获地点	处置办法
崔如秀	一人		二十七年五月廿五日	冒制印信	省会	同前
李少峰	一人	山东德县	廿七年五月廿八日	测绘省会地图	同前	同前
徐至诚等	四人		廿七年六月十八日	伪造印信护照缘等	互助县泽林陕	同前
阿布都等	四人		同前	行踪可疑	同前	同前
吴静修	一人		廿七年七月二日	伪装喇嘛	互助县佑宁寺	同前
杨俊杰	一人	甘肃徽县	廿七年八月十四日	行踪可疑	民和县	同前
贺福年等	三人		廿七年八月廿三日	同前	大通县	同前
谢成海等	五人		廿八年元月六日	同前	贵德县	同前
倪三印等	四人	河南洛阳	廿八年元月十九日	同前	西宁县鼎新镇	同前
舍木索	一人		三十年六月			同前
丁木却	一人		三十年六月			同前
统　计	二十八人					同前

三、办理全省公务员军训

省府于二十七年改组后拟定本省公务员军训办法将全省党政司法各级公务员各就服务所在地自廿七年四月份起分期编队训练并由陆军第八十二军司令部遴派军官担任教官每期训练两月凡经训练合格地发给受训证书截至廿八年元月底止全省已受训公务员共计三千八百四十三员

四、办理公务员任用审查

行政机关之健全与否以公务人员之任用是否合格以为断省府关于此点异常重视按照省政府组织法规定令催送审除已审查合格不计外尚有荐任人员七员委任人员二十二员正在送审中

五、筹集献金

青海省献金数目一览表

类别	献金年月	献金数目	解送机关
献金	二十七年抗战周年	五七六四元三六六	交第八战区司令部
寒衣捐	二十七年九月	羊皮十万张	同前
节约献金	二十八年二月	五〇九九元四六	解新运总会
鞋袜捐	二十八年五月	八二四三元四	
寒衣捐折价	二十八年九月	九〇五九三元一三八	
本省出征将士献金	二十八年十月	九四五一三元七八五	
寒衣捐；救国献金	二十九年二月	九七一五元三	奉令汇送本省出征将士
统计	二一三九二九元四四九 羊皮十万张		

六、推广蒙藏种痘

　　蒙藏同胞远处边陲卫生方面向不讲求即就天花死亡而言为数亦多惊人省府为救济民命防患未然起见曾经核准蒙古两盟二十九旗驻省办事处之呈请聘任牛痘传习所毕业生严生芝等携带大批痘苗及防疫助产各种药具前往该盟各旗实行种治并令都兰县政府竭力推行以来成绩颇佳

七、筹设医务佐理人员训练所

[《青海省政府工作报告》(1941年7月至1946年)，青海省档案馆馆藏，全宗号15，案卷号24，第65—68页]

4. 青海省各机关学校县局抗战期内公私财产间接损失总报告表（1946 年 2 月 19 日统计）

青海省各机关学校县局抗战期内公私财产间接损失总报告表①

民国二十六年九月七日起至三十四年十二月 日止

填表日期三十五年二月十九日

关别	迁移费	防空设备费	疏散费	救济费	抚恤费	办公费	房屋	器具	现款	服着物	建筑物	古物书籍	仪器	医药费	图书	军需供应	物价波动	人口男女	其他	合计
秘书处	4186787	3978195	2684931	3741317																14591230
民政厅	1424000	836000	560000	2009000	239000															5068000
财政厅	208450	286270	198692	2743086	1496892															4933390
建设厅	125300	90000	60000																	275300
教育厅	80000	140000																		220000
地政局	165450	176200	131680				48000	64000		24000										609330
卫生处	15000	28000	275000	27000				15000					20000	35000					12000	427000
中山医院	36000			44000																80000
合管处	1200000	215000				387000	9400000	500000	100325	1050000										12852325
社会处	76550	89000	155000	540000	70000															930550
会计室	130000	180000		120000	150000			100000												680000
警察局							8426775	8426775												16853550
蒙藏办事处	1250	320	530																	2100
回族教育促进会	125100	30020	51200	95400	118100															419820
昆仑中学					4000		40000	5500											1074	50574
西宁中学	150000	333600		120000	140000			200000												943600
西宁商师	30000	250000	150000	80000	120000															630000
西宁女子师校	180000	270000																		450000
西宁职业学校								2100000			2400000									4500000

类别 ＼ 损失办法金额	迁移费	防空设备费	疏散费	救济费	抚恤费	办公费	房屋	器具	现款	服着物	建筑物	古物书籍	仪器	医药费	图书	军需供应	物价波动	人口男女	其他	合计
威锐小学											100000								39000	139000
南大街小学	20000	5000						221000	8900	52000		100000			25000				135000	566900
贾家庄小学												192360		49650						242010
大通简易师校	243850	124500	1420	114360				43000					2100	1500	3500					534230
乐都县		113550	54200																	167750
西宁县	274510	85320		297680	95120															752630
互助县							48720			4200										52920
大通县		56000		100000	7900											1725600000				1725763900
民和县	256000		225300																	481300
贵德县	690000	420000		1840000	370000		942000	820000	370000	960000	2650000	180000	250000	180000	280000					9952000
化隆县	420000	350000	123000	1875000	482000														1110000	4360000
同仁县	1560000	112000	300000	1260000				1085000	8270200	2080000		270000								14937200
湟源县				9000000			6000000													15000000
海晏县											24000000					21017100	385000000			430017100
玉树县																			2840000000	284000000[②]
共和县																11232000	8360000			19592000
西乐设治局							6000000	3470000	8399464	437420		34260							746490	19087634
第一区专员公署	1250000						1250000	447000		520000	700000					37050000				41747000[③]
第二区专员公署																			6360000000	636000000[③]
总计	11598247	14394275	4745653	24006843	3293012	387000	26155495	17497275	17148889	5127620	27210026	776620			308500	1794899100	393360000			1154910343[④]

① 因原档案版面较大及数字统计有个别错误，此表复制时进行了简化和校订修改。

② 该县以文呈报，特此注明。

③ 该区以文呈报，特此注明。

④ 1937年7月与1946年2月的法币比率为1:2576.95（《中华民国统计年鉴》，中华民国三十七年主计部统计局印），此数折合1937年7月法币为448231.82元。

[《青海省政府关于开展卫生运动、金圆券发行、限制骡马出境办法报告表、指令、训令》（1946年2月至1948年9月），青海省档案馆馆藏，全宗号15，案卷号261，第3页]

（二）文献资料

1. 青海军民的抗日救亡活动（节录）

……

1939 年，藏传佛教大师、爱国人士喜饶嘉措偕学者杨质夫等奉国民党蒙藏委员会委派，前往蒙藏地区及各大寺院进行抗日救国宣传活动。同时利用青海湖"祭海"时机，对参与"祭海"的蒙藏王公、千百户宣传抗日。同年，青海蒙古族驻京人员推选出几名代表深入青海蒙古族二十九旗进行抗日宣传。

1941 年 6 月 18 日，日寇派出飞机 48 架侵扰西宁、乐都、民和上空，但未投弹便逸去。23 日中午，日本侵略军 27 架飞机由山西运城再次飞抵西宁上空，在公安街（今文化街）、饮马街、玉井巷、法院街、观门街及湟水南岸的昆仑中学到韵家口、乐家湾、羊沟湾一带进行疯狂轰炸。敌机共投下炸弹 250 余枚，燃烧弹 30 余枚，并以机枪进行低空扫射。共炸死无辜居民 43 人，伤 28 人，炸毁机关 9 处，房屋 520 余间，受难户共达 160 户。这是青海人民遭受日本侵略者最直接、也是最严重的一次武力侵略。日寇的暴行，激起青海各族人民的无比愤慨和仇恨。从此，青海各族各界群众把对日寇的仇恨转化为抗日的实际行动。

自 1938 年起，一直到抗战结束前夕，青海全省多次发起献金、献机、捐寒衣、寄慰问信等活动，积极声援抗日。1938 年 2 月，全省各界在西宁小教场发起慰问抗战将士献金竞赛，西宁共募集献金 4889.56 元，互助等六县共募集献金 1973.54 元。4 月，青海省各学校响应"中国儿童号飞机"筹募总会发起的募捐活动，各校陆续捐款 3643.48 元。各级学校还号召师生赶织毛袜、毛裤等，捐送前方抗日将士。省东塔院道众将东塔院变卖，捐献所得部分款项，慰劳前方将士。各级政府公务员也为"公务员号飞机"捐了款。……

……

马彪出师之初，马步芳曾一再叮咛他要"服从命令，相机应变"。后来转战中原期间，马彪也难免抱有保存实力的私念。但是抗战八年，骑八师官兵在师长马彪的率领下，不畏牺牲，频频与日寇作战，使得豫皖地区日伪军闻风丧胆。马彪在给马步芳的信函中表示"恨不得马踏倭鬼，给我已死先烈雪仇，与后辈争光"[①]。他与全师官兵协同一心，努力抗战，给豫皖地区日伪军以沉重打击，牵制了日军力量，为争取抗战的胜利作出了贡献。与此同时，骑兵师自身也付出了巨大的牺牲，先后伤亡近万人。

马彪的抗日业绩理应得到肯定。但是骑八师转战内地数年，逐年补充的豫、陕籍士兵达半数。1941年，第一战区长官卫立煌命马彪兼任何柱国所率骑兵第二军副军长，并有升任六十四军军长之传言，于是有人向马步芳离间，言马彪有脱离青海之野心。马步芳听信传言，深恐骑八师的兵权落入国民党中央军之手。1942年夏，马步芳飞抵重庆活动，经面陈蒋介石后，即任命马步康（马步芳堂兄，时任第一〇〇师第二九八旅旅长）出任骑八师师长一职。不久，马步康带领部分人马，前往皖北阜阳东北马店子，与马彪办理了交接手续。马彪遭到不应有的冷遇，自此含愤未回青海，一直闲居西安。

1943年至1944年，日本侵略者掀起中原大会战。日军在攻占洛阳后，为了继续打通平汉线，重新占领该线水、陆码头漯河据点，即调动坂垣师团主力，首先围攻漯河外围阜阳重镇。为保卫阜阳，国民党苏鲁豫皖边区总部调马步康骑八师进赴颍上一带，作为侧翼掩护，参加了阜阳保卫战。骑八师与友军密切配合，经常以偷袭、奇袭的方式进行战斗，使进犯的日军付出了惨重的代价。……

（崔永红等：《青海通史》，青海人民出版社1999年版，第609、621页）

---

① 杨效平：《马步芳家族的兴衰》，青海人民出版社2007年版，第166页。

2. 侵华日军空袭西宁

民国 30 年（1941 年）6 月 18 日，侵华日军 48 架飞机侵扰西宁上空，未投弹而逸去，对兰州实施了空袭。事后才知，日机此次侵扰西宁，主要是实施侦察与隐蔽轰炸兰州之企图。国民党青海地方政府对预防空袭不重视，官方无防空对策，百姓缺乏基本的防空知识，一些市民不知飞机为何物，视为奇观，不但不躲避藏身，反而登上房顶向飞机招手、呐喊。6 月 23 日中午，侵华日军出动轰炸机 27 架，飞抵西宁上空，对西宁城垣实施空袭。在城内外投下炸弹 230 余枚，燃烧弹 30 余枚，并俯冲扫射。城内府门街（今文化街）、玉井巷、后后街（今新民街）、饮马街、观门街、北门一带，投下炸弹 15 枚，有 6 枚未爆炸。城内府门街省警察局大礼堂被炸毁，炸死警士 5 人。全城市民死伤 71 人，其中炸死 43 人，重伤 12 人，轻伤 16 人，多数为贫苦市民和小商贩。炸毁房屋 520 余间。此次西宁城遭空袭，使 169 户居民流离失所，财产损失民房为法币 11.9 万元，公房、庙宇等 9 处，约合法币 15.6 万元，两项合计为法币 27.5 万元。71 人死伤命价和文物等无形损失未计算在内。

空袭后，省警察局组织人员对未爆的炸弹实施排爆，共挖掘出 36 枚。昆仑中学的学生在学校后门外的水磨沟渠里挖出未爆的炸弹 3 枚。这些炸弹形如"倒挂的铜钟"，长一尺四五寸、直径七八寸，下口略呈喇叭状，弹体上铸有"昭和××年造"的字样。这是侵华日军对西宁人民欠下的一笔血债。

（青海省地方志编纂委员会：《青海省志·军事志》，青海人民出版社 2001 年版，第 886 页）

3．青海近代建省后（1929—1949）户口统计表

材料来源	年代	户数	口数	男	女	户均	性比例（女=100）	备注
《内政年鉴·警政篇·户籍行政·县市人口调查》，民国二十五年四月版	民国廿年（1931）	114061	637965	336238	301727	5.59	111.44	见说明（1）
《中华民国统计提要》，民国廿四年版，226页，表61《人口总数》，表62《平均每户人口数》	民国廿二年（1933）	205711	1010038			4.91		见说明（2）
《内政调查统计表》第九期民国二十三年五月版	民国廿三年（1934）	90375	537981			5.95		见说明（3）
《新青海》三卷十期，民国二十四年十月版，《青海民厅最近之调查——青海全省户口调查（甲）青海各县户口调查表》	民国廿四年（1935）	157016	855712			5.45		见说明（4）
《战时内务行政应用统计专刊·户口统计·青海省户口统计表》，内务部统计处民国二十七年编印	民国廿五年（1936）	229610	1196054	617337	578717	5.21	106.07	见说明（5）
《内政部后方各省市户口统计·青海省户口统计表》，民国三十二年九月编印	民国廿九年（1940）	256940	1512823	764653	748170	5.89	102.20	见说明（6）
《青海省户口统计表》表一（原件存南京第二历史档案馆）	民国卅二年（1943）	193031	1300113	670715	629398	6.74	106.56	见说明（7）

材料来源	年代	户数	口数	男	女	户均	性比例（女=100）	备注
《青海已编保甲各县户口统计表》及《青海省未编保甲各县、局户口概数估计表》（原件存南京第二历史档案馆）	民国卅三年（1944）	209960	1384958	711758	673200	6.6	105.73	见说明（8）
《青海省户口统计》表三（原件存南京第二历史档案馆）	民国卅四年（1945）	206170	1384648	711454	673194	6.72	105.68	见说明（9）
《中华民国统计提要》民国卅六年版，2—3页，表二《全国户口》	民国卅五年（1946）	205039	1317364	666510	650854	6.42	102.41	见说明（10）
《青海省人口统计报告表》（原件存南京第二历史档案馆）	民国卅六年（1947）	201092	1308943	662310	646633	6.51	102.42	见说明（11）
《西北通讯》二卷七期，民国三十七年四月版	民国卅七年（1948）	199597	1291559	647127	644432	6.47	160.42	见说明（12）
《电复本省（青海）保甲户口编查情形》（原件存南京第二历史档案馆）	民国卅八年（1949）	161729	952671			5.89		此数未包括未编保甲地区之户口数。
青海省统计局存档	同上	271044	1483282	741521	741761	5.47	100.03	

说明：

（1）当时青海共 15 县，其中同仁、囊谦两县未查报。此项系 13 县（西宁、大通、乐都、循化、化隆、贵德、湟源、民和、互助、门源、共和、玉树、都兰）数。

（2）原注：根据民国二十三年八月《新青海》1 卷 8 期编制。

（3）原注：青海省共辖 15 县，民和、化隆、玉树、囊谦四县迄未将《县政调查表》报部，各项统计以 11 县为限。

（翟松天：《中国人口·青海分册》，中国财政经济出版社 1989 年版，第 58—59 页）

4. 青海省西宁市遭日军空袭人口伤亡和财产损失情况（节录）

伤亡人数（八）

根据笔者调查日机轰炸的伤亡者，大多集中在西宁城垣之内，由于日机是从西宁城的西南方向向东北方向俯冲投弹的，因而更集中在南玉井巷、法院街、下饮马街、府门街（今文化街）、观门街、后后街（今新民街）等地。笔者对死亡者不完全统计，列表如下：

户名	地点	死亡人数
汪生祯家	南玉井巷 30 号	4
魏香坊家	北大街中段东侧	1
崔青云家	南北玉井巷交汇处	1
白口袋匠家	后后街中段北侧	3
罗七爷家	下饮马街北段西侧	2
吴斗斗家	观门街中段东侧	3
警士	府门街、下饮马街等	5
不详	不详	24
总计		43

根据前青海省政府秘书处编印的《青海政府工作总报告·中华民国三十年六月份至十二月份》第 69 页至 78 页记载：

青海省会三十年度遭受空袭伤亡人数表

被炸日期	被炸地点	伤亡人数		
		死亡	重伤	轻伤
六月二十三日	青海省省会	43	12	16

说明：死亡数内有警士 5 人，其余均人民；重伤数均系人民；轻伤数内有人民 7 人，警士 1 人，官兵 8 人。

当时的青海省赈济会发放炸死人民棺木、卡凡等抚恤费情况表

类别	发放数目	备注
棺木费	四千六百二十元（棺木三十三付）	共炸死汉民 33 人
卡凡费	二百八十七元五角（卡凡一十五丈）	共炸死回民 5 人
抚恤费	一千六百三十元	炸死警士 5 人，每人发抚恤金 300 元，受伤警士 1 名，发医疗费 10 元，受伤官兵 8 人，共发医疗费 120 元
膳食费	一百二十五元五角	
共计	六千六百五十八元	

从以上各表可以看出，伤亡人数共计 71 人，其中：死亡 43 人，按民族分：汉民 38 人（给棺木者 33 人，给抚恤金者 5 人），回民 5 人；按职业分：居民 38 人，警士 5 人。受伤 28 人，重伤 12 人，轻伤 16 人。

我们谨向死难同胞沉痛悼念，向以身殉职的警士致敬！

财产损失（九）

日机于 1941 年 6 月 23 日轰炸西宁后，由青海省赈济会出面调查了被炸灾民及公私财产损失情况。原文如下：

自六月二十三日省垣惨遭轰炸后，除将被炸死伤灾民由本会分别发给棺木、卡凡及抚恤费、刻日掩埋安置外，当即请省党部、省警察局，详细调查受灾人民及公私财产损失，以便办理抚恤事宜后；兹将该部、局函送调查表到会，附被炸灾民数目及公私财产损失表于后。

青海省赈济会调查被炸灾民人数及公私财产损失表

类别	调查数目	损失情形	被炸房屋
被害灾民	共一百六十户	一十一万九千余元	四百四十九间
受损机关	共九处	不详	八十一间
合计	一百六十九户	一十一万九千余元	共五百三十间

其中位于兴隆巷东段北侧的统领寺，又名昭忠祠，是当时西宁初级职业学校所在地（1949 年后，这里曾是西宁女师、西宁女中、西宁二中等校址，

现为观门街学校址），也被严重炸毁。当时青海省赈济会根据该校的呈报，增拨了修理经费，行文如下：

本年（三十年）六月二十三日，敌机轰炸省垣时，西宁职业学校被炸，将校内外墙垣房屋，炸毁甚多，业由本会查明，拨给赈款壹仟元，饬即从速修理在案。兹据该校呈请，以物价人工过于昂贵，所拨之款，尚不敷修理等请前来，当由本会准予再行增加修理费叁佰元，俾资完成全部工程。

又，青海省赈济会在拨了被害灾民及团体空袭损失费的行文中，是这样表述的：

准省党部、省警察局会送被炸人民团体财产损失及轻重伤灾民调查表到会，当经本会第九次委员会议决议，依照调查情形，分别拨款救济，所发详细数目，列表附后。

青海省赈济会拨空袭救济费数目表

类别	受损户（人）数	发放款
被害人民	一百六十户（人）数	共二万二千二百九十元
受伤机关	共九处	共二万八千元
重　　伤	共十二人	共六千元
轻　　伤	共十六人	共三千元
总　　计	五万九千二百九十元	

（石葵：《西海雪鸿集》，亚洲中辉联合出版公司 2001 年版，第 76—79 页）

5. 青海省抗战期间支援前线及抚恤补助情况（节录）

二、支　　前

　　民国 20 年（1931），"九·一八"事变发生后，西宁各学校学生，基于爱国热情，组织宣传，发表宣言，成立抗日义勇队、抗日剧社等，以激发民众情绪。祖籍青海省互助县曹家堡的曾国佐将军于"九·一八"事变时在喜峰口率全团官兵抗击日本侵略军取得胜利。1937 年"七·七"卢沟桥事变爆发后，曾国佐又亲临前线，直接指挥，对日作战。1937 年，青海省组织了暂编骑兵师，在师长马彪率领下，开往豫、皖战场，歼灭了大量日伪军，同时也作出巨大牺牲，少将副师长兼政治部主任卢光伟、少将旅长马秉忠、团长冶进全、营长李国勋、霍世魁等数以千计的爱国官兵为国捐躯。在八年抗战中，青海各族人民勤劳生产，支援前线。从 1942 年到 1945 年，供应军粮（包括征购、征借、委购）达 60 多万担，送前方羊皮 10 万张，为抗日战士制作御寒冬装。从 1938 年到 1944 年捐献金额 82.9893 万元（部分为白洋），支援前线。有 8000 多（内有以马替丁数）名优秀儿女赴前线参加抗战。……

青海省民国28—37年抚恤各费支出统计表

单位：万元

年份	抚恤费	年份	抚恤费
民国 28 年	0.0984	民国 29 年	0.3039
民国 30 年	0.0753	民国 34 年	74.4000
民国 31 年	8.1679	民国 35 年	898.6000
民国 32 年	5.0000	民国 36 年	1390.4000
民国 33 年	11.1583	民国 37 年	0.1312

注：表内民国 28 年、民国 29 年、民国 30 年、民国 37 年为银元数，合计银元 0.6088 万元。……

　　（青海省地方志编纂委员会：《青海省志·民政志》，黄山书社 1998 年版，第 112、124、125 页）

6. 法币在青海省流通情况（节录）

十二、法　币

　　民国 24 年（1935）11 月 3 日，国民政府颁布紧急法令，宣布全国实行法币制度，禁止银元流通。同日，国民政府财政部公布了《法币政策实施办法》，自民国 24 年 11 月 4 日起，以中央、中国、交通 3 银行发行的钞票为法币。1936 年增加中国农民银行。完粮纳税及一切公私款项收付概以法币为限，不得使用银元、铜元等金属货币，公私单位持有银元等必须兑换法币行使。年底，青海省政府将《法币政策实施办法》布告各界民众，要求切实遵行。从此，法币通过贸易等渠道流入青海。到抗日战争爆发，法币已成为青海东部农业区流通着的主要货币，牧业区仍流通银元等。除西安事变后一段时间法币遭受贬值外，其余时间法币较为稳定，市场购买力起伏不大。

　　民国 27 年至民国 29 年中国农民银行西宁支行、中国银行西宁办事处、中央银行西宁分行相继建立，先后开始各行钞票的发行。民国 31 年 7 月 1 日，国民政府财政部核准实施《统一发行办法》，法币发行权集中于中央银行。4 月，中央银行开始发行关金券，与法币一起流通，关金券与法币的折合比率为关金券一元折合法币 20 元。中（国）、农行钞票停止发行，农行西宁支行自建行到停止发行，共发行 700 多万元；中国银行西宁办事处自建行到停止发行也发行数百万元；中国银行西宁办事处自建行到民国 34 年发行法币 6 亿多元。8 年间，青海市场同时并行着法币和银元。但法币在农业区，逐渐沦为银元的辅币，商品以银元标价、索价，要付法币，按行市比价折合（因法币不断贬值，购买商品付出的法币，要比法币与银元的比价高）。群众取得法币后立即购买商品或兑换成银元；商人收进法币后，或汇往内地购进货物，或兑成银元。抗日战争爆发后，部分商民抵制法币，甚至拒绝以法币支付。青海省政府数次发出布告：晓谕商民人等，对于中央法币，务须依旧行使，不得歧视。对破坏金融，妨害法币流通的行为，查明拘案，依法严办，完粮纳税及收付款项以法币为限，不得使用现金。但政令未能使法币信誉提高，也未能使银元退出流通领域。民国 29 年上半年与上年同期比，市场日用品物价上涨 50%，布匹等上涨 70%。

民国 29 年 9 月，中国农民银行西宁支行在该行各种钞票正面加印藏文金额数字，并印发了藏文说明书。其后，中、中、交、农 4 行联合办事总处准许中行西宁办事处、中央银行西宁分行也仿效农行在各自的钞票上加印藏文。自此，始有法币流入青海牧区，但一直未能成为市场上的主要货币，更没有动摇银元的货币地位。

解放战争期间，国民政府用发行法币来弥补财政赤字，支付庞大的军政费用，结果发行失控。中国银行西宁分行，民国 34 年至民国 37 年 8 月，发行法币 5466 亿元，比建行到民国 34 年增加 5450 亿元，无节制的发行，使法币贬值。随着解放战争的节节胜利，国民政府统治摇摇欲坠，经济濒临崩溃，青海市场物品匮乏，人民购买力下降，商民为保持利润并受西安、兰州一带物价的影响，而囤积居奇，致使物价暴涨，加速法币在青海的崩溃。民国 37 年上半年一般生活必需用品价格比民国 33 年增长数千倍，增幅最低的士林布由每市尺 400 元增加到 400000 元，增长 1000 倍，增幅最高的煤由每百斤 350 元增加到 25000000 元，增长 7 万多倍。民国 37 年上半年法币发行数为 1406 亿元，是民国 33 年上半年的 1487 倍。民国 36 年至 37 年，通货膨胀超过以往任何时候。民国 37 年上半年，发行法币 1406 亿元，比民国 36 年上半年增长 17 倍，而物价也数十倍地增长，涨幅最高的猪肉由每斤 25000 元升至 760000 元，上升了 29 倍。由于物价猛烈上升和法币急剧贬值，到民国 36 年法币已形成拒用。

民国 37 年 8 月 21 日，青海省政府遵奉总统财政紧急处分令，布告全省，宣布改革币制，发行金圆券。自金圆券公布发行之日起，法币停止发行，并以三百万元折合金圆券一元，限于 11 月 20 日前兑换。至此，法币彻底垮台。

法币在青海，特别在广大蒙藏民族聚居的牧区，一直未能站得住脚。据史料记载，银元与法币的比价，民国 34 年前，每月变动一两次（起落不定），民国 34 年以后，每三五天就有一次变动（涨多落少），到民国 36 年以后，一月数变，甚至早晚不同，而且有价无市。民国 30 年下半年银元价格常在法币 12 元左右，最高时达 19 元，民国 31 年底到 32 年 4 月止，银元与法币比价由 1：37 逐渐上升到 1：60，8 月为 1：87，10 月上升到 1：105，民国 33 年 3 月份每枚银元值法币 145 元，民国 35 年 6 月每枚 1400 元，次年一月每枚 3700 元，到民国 37 年上半年一块银元从兑法币 10 万元，涨到 300 万元。抗战前，法币每百元可买牛一头，到了 1949 年 9 月解放前夕，只能买到半根火柴。民国 38 年（1949）4 月 17 日，中央银行西宁分行将 86 箱法币 4330 亿元，运至南禅寺山坡焚烧，历时 7 个小时。这些法币按当时市价只能折合银元 2 元左右，而销毁时耗用的木材、煤油等费用却价值银元 20 元。

民国政府实行法币制度，企图通过发行流通不兑现的纸币，将民间金银收归国有，搜刮民财，最后终告失败。

（青海省地方志编纂委员会：《青海省志·金融志》，黄山书社 1997 年版，第 37—40 页）

7. 青海省抗战期间粮食、羊皮及役马价格（节录）

第一章　农产品价格
第一节　粮油价格

一、粮食

……

民国24年（1935），青海省地方发行的货币维持券不能充分兑现，金融紊乱，每宁石麦价涨到银币26元。同年，法币流入青海，与银币等价流通。民国25年粮价比较平稳，26年法币逐渐贬值，……

……

民国32年，因连续几年的灾情，粮价高昂，百物竞相涨价，经济衰退，民不聊生。当年上半年实行粮价管制，每市石小麦西宁限价204元，但时隔数月就涨到800元。33年国民政府采用行政手段，逼迫粮农出售余粮，初期粮价有所控制。到年底每市石麦价竟然越过1000元。

……

（二）羊皮　清光绪元年（1875）至民国3年（1914），丹噶尔厅（湟源）羊皮每张均为银八钱，民国24—25年法币1.8元，26年1.3元，27年1.9元。

……

四、役马

……

民国3年（1914），玉树县上等马每匹值藏币百元（折银三十一两），23年中等马每匹值银币46元，25年为法币59元，28年为75元，30年为421元，33年12月为4万元，36年5月为180万元，37年5月为银币300元。

……

（青海省地方志编纂委员会：《青海省志·物价志》，青海人民出版社1993年版，第7、8、9、29、32页）

（三）口述、回忆资料

1．日机炸省垣
—— 西宁人民永远的心灵创伤

口述：朱世奎[①]　整理：董秀章

1941年抗日战争期间，西宁古城发生了一桩亘古未有的惨案：日本侵略者的军机从山西运城机场起飞，经河南、陕西、甘肃，至西宁古城上空，向远离抗日战争前线一千四五百千米的西宁古城扫射、投弹、轰炸，使和平居民 71 人伤亡，建筑物 530 间损毁，给西宁人民造成了巨大的精神和物质创伤。我时年 9 岁，耳闻目睹了受害受难者的情况。

1941年（辛巳蛇年）6 月 23 日（农历五月二十九日），晴空万里，艳阳高照。大约在上午 11 时，突然，悬挂在东西南北四大城门的四口大钟同时被撞响了，铛—铛—铛—铛，钟声响 1 秒钟，停 1 秒钟。徐缓的钟声给古城的居民带来了些许的骚扰和不安，因为这只不过是一个预备警报，说明日寇的飞机已经起飞，而且向西北或西南方向出发，大半是以重庆为目标（临时的中央政府所在地），再次就是以兰州（西北的枢纽，第八战区长官公署所在地）为目标，就是说不一定来西宁。因此，绝大多数人心情是平静的。不料大约到11 时 30 分许，却响起了/铛铛—铛铛/，/铛铛—铛铛/的钟声，每"铛铛"一响占 1 秒钟。这是正式警报的信号，说明日寇飞机已飞离兰州地区上空，（一说为日机沿黄河自东向西经贵德、龙羊峡上空至西宁，西宁市西宁电影院前经理傅坚中先生、青海海南州政协前副主席周文达先生等持此说。）向西宁方向进发了。人们开始动容，做好或开始进行逃避的行动了。

我父亲指挥妻子出城躲避，他自己坚守在家里。我母亲抱起正在吃奶的只有半岁的弟弟（朱明奎，现为青海师范大学数学系教授），一把拉起我从家中跑出。我家坐落在西宁南玉井巷中段南侧，出门向西 100 多米便是北大街。刚出巷口，只听

---

① 朱世奎，笔名石葵，男，1932 年 12 月生，青海省西宁市人，青海省社会科学院原院长。

见北城门的报警钟"铛铛铛铛"地大约以每秒4次的频率连续不断地响了起来。这是紧急警报的信号，说明日机马上就要飞临西宁。人们分散从四大城门逃向城外，古城北部惊慌失措的人们从府门街、隍庙街、香坊巷、南北玉井巷等纷纷涌向北大街，万头攒动，冲向大北门。当时的大北门有两道城门，其间的瓮城向右拐弯，然后通过一条东西向的 60—70 米的大慢坡再分两路：或一直朝东进香水园，或过官沟桥到围城土路上。

我们母子下坡过桥，沿官沟向西走了 30 多米，又慌又累，已经走不动了，就坐在官沟沿一株直径有 40 多厘米的大柳树下歇息。不知过了多少时间，突然日机的轰鸣声越来越近。与此同时，我们听到了机枪扫射的啸声和炸弹爆炸的闷雷音，大地也似乎随之震颤。母亲本能地把我的头拉到她的怀里，和弟弟一起保护了起来。过了一会儿，狂轰滥炸的日机早走远了，这时才听到城头"铛—铛—铛—铛"的悠扬钟声，以每响一下停 3 秒钟的频率告诉人们解除警报。听到钟声，我才抬头向天空望去，只见黄色的烟尘笼罩城头。母亲急忙拉起我向家中匆匆走去，待走到我家大门口时，只见距我家大门东边 100 多米的地方（正是炸死人的崔家，下文将提到）人头攒动，鸡马乱喊。母亲不允我去看热闹，拉我回家，她惦记着丈夫和自己的窝呢。

走进家门，一脸土色的父亲断断续续地告诉我们，我家四周都中了炸弹。我家西宁南玉井巷中段南侧的祖宅，一进三院，天井西墙悬挂着"岁进士"小匾。前院是个大四合院，由四位堂伯叔居住，西房正屋悬挂"功昭桑梓"匾额一块。中院是前清贡生朱焕南先生的花园——东园，有"何必山林"的匾额一块，悬挂在园内北房正中。里院是前清贡生朱耀南先生（焕南公胞兄）的挂有"安乐窝"匾额的小四合院和花园——西园。前院南房由焕南公的长子八伯伯成琦、十三叔成瑜、十五叔成璞居住，不幸中炸弹，被炸 2/3。包括中院北房 3 间、前院南房 2 间，还有十二叔成琮公的东房1间、共用厕所1间，共 7 间。

八伯母韩宗玉夫人独自守家，爆炸前几秒钟她从南房出来，想通过花园夹道逃向东花园，不料被炸飞的一截大椽狠狠击向她的右大腿，她立即倒地，右腿失去感觉，好像不是自己的。后被家人救出，养伤三四个月，始能下地，终久不良于行，落得终身残疾。而最可惜的是焕南公毕生心血——诗词文稿、篆刻作品、字画文物、医书方剂等均灰飞烟灭，荡然无存。文物价值损失巨大。我家里院小四合院的北面是西园，西园的北面临街，西隔壁住两家，南头是魏香坊家的作坊院，北头是王裁缝家院。

我父亲在响紧急警报时，跑到西园西墙北端的几株钻天杨树下就座。这时忽听得弦歌之声从西邻传来，原来这天汪裁缝家正修建南房，招待木工师傅及帮忙亲友，因时值近午，打开"洋戏匣子"（留声机），摆上酒饭招待木工、亲友呢。父亲心想：处变不惊，难得高邻有此雅兴……思绪未断，只见敌机俯冲下来，炸弹命中汪家，演唱声息，梁摧柱断，一片哭号之声；与此同时，父亲本能地抱住杨树，绕树三匝，而西邻的断椽碎瓦纷纷越墙飞到他的脚下，吓得他一身冷汗。事后方知汪家房屋炸毁，4死1伤，惨不忍睹。

我家大门向东一箭之遥，便是南北玉井巷的交汇处，也就是现在西宁市南玉井巷、北玉井巷和法院街三角地岔口。岔口西北是一座二层砖木结构的小楼，楼主崔老先生是我兴文小学（现西宁十四中学校址）同班小友崔青云君的父亲，为人和蔼可亲，在一楼面向三角地岔口开一片杂货铺。因为其个子矮小，人们背称"崔尕人儿"。这天崔老先生遣妻儿城外躲避，却独自守家门。日机向三岔口俯冲扫射、投弹，崔家东楼命中被毁，崔老先生惨死屋中；东楼对三岔口临街的一面水磨砖墙上机枪弹痕历历在目，留下了怒视日军的罪恶的眼睛。三岔口西南方向，有位老张爷，因为驼背，人们背称"张背锅儿"，以种菜为生，被炸死在家中，他的一头毛驴在家门口也被炸去后半截，当场倒毙。

我家里院南面100米处，是一片碧绿的菜畦，前几天刚浇过水，墒气很好。有五六枚燃烧弹（当时叫烧夷弹）落地，烧掉了一些蓬蒿，未烧到民居。另有一枚炸弹落地后，"扑哧"一声，"铁牛入地无消息"。几天后，该炸弹由数名警察挖掘了出来。我很好奇地跑去一看，此物头尾较细，长约80厘米，中间粗约40多厘米，3片尾翼，一行字样："昭和十五年制造"（昭和为日本天皇裕仁的年号，昭和元年为1926年，昭和十五年为1940年）。这也是一个日本侵略者的实物罪证。第二天（1941年6月24日），阴雨霏霏，西宁古城上空浓云密布，母亲却带我和弟弟坐了一辆农用木车，到西宁南川上新庄谢家四姑姆（他们叫新庄儿四娘娘，表兄名谢玉宗）处"避难"去了。

（2008年3月6日）
（原件存中共青海省委党史研究室）

2. 难忘日机轰炸西宁的暴行

董绍宣

我叫董绍宣，男，1926 年生于青海省湟中县，曾任青海省文联民研会秘书长，现任《中国谚语集成·青海卷》副主编兼责编。我的童年是在艰苦的抗战岁月中度过的。日本军国主义的侵略暴行给我留下了难以磨灭的痛苦回忆。

1936 年，我刚到 10 岁时，父亲从乡下把我送到西宁城内礼让街二叔的住处。二叔是师范毕业生，在当时的省政府当公务员。他明白父亲的用意，就送我上设在大西门城圈关帝庙内的因利乡小学。因我在农村已上过两年多的初小，就将我插入该校的初小三年级。

当时我名叫董廷楷，同学们听到我的名字后就用顺口溜喊道："蔡廷锴，蒋光鼐，打不倒日本不回来！"

一个叫罗祥的同学，甚至用循化腔质问我："你不在上海打日本，为什么跑到这塔来了？"我莫名其妙，无言以对。放学后我向二叔说了在学校的遭遇后，二叔笑道："憨头！这是同学们对你开的玩笑。他们指的是四年前（1932 年）1 月 28 日夜日本鬼子侵略上海的事，大家叫一二八事变。当时日本兵突然进攻上海闸北时，我们中国的十九路军在蔡廷锴、蒋光鼐两位将军指挥下奋起抵抗，坚守阵地一个月，打死打伤日本军 1 万多人。可惜在中央政府不抵抗政策的命令下，最后被迫撤离了上海。全国老百姓心里愤恨不平，才说出你听到的那两句话。"从此，我和同学们一样，憎恨起日本侵略者来。

第二年春季，随着叔父的住处迁到北大街，我又被送到公安街小学（原名兴文小学，现西宁市十四中地址）升入初小四年级。有位来自农村的汪子钊老师教我们唱会了《义勇军进行曲》，每当我们唱到"中华民族到了最危险的时候，每个人都被迫发出最后的吼声"时，我们稚嫩的胸膛中，感到热血在沸腾，恨不得立刻穿上军装，上前线去打鬼子。这年（1937 年）7 月 7 日，终于发生了卢沟桥事变，日本鬼子继侵占东北三省后，又正式向我国的华北进攻了。牺牲已到最后关头，在中国共产党团结抗日的号召下，南京中央政府也不得不奋起抗战。于是整个中小学进入了宣传抗战的时期。当时不仅大唱救亡歌曲，而且排练抗战话剧。记得在五年级时，学校排演了坚守上海四行仓库的《八百壮士》，由音乐老师王玉章（南川水磨村人）

扮演谢晋元团长，慷慨陈词。还有一个来自农村的侯姓同学扮演汉奸。他不管剧本规定，上场自报家门时，竟说出这样的话："不敢贱姓属猴的，大兴栈的对门的！"（因校门奎星楼正面对着妓女店"大兴栈"）于是引起观众一片笑声。当演到汉奸的卖国行为暴露，被抗日群众逮住要严惩他时，这位侯姓同学又用青海话告饶道："我是好先人的后人哪！"

在排演抗日方言剧时，我扮演日本兵，老师用粉笔抹白我的脸，再在鼻尖下用墨汁抹一撮小胡子，穿上童子军的黄衣服，手持道具木枪，就算是日本兵了。实际上包括老师在内，我们都没有亲眼看到过日本人，只听说他们个头小，一脸横肉，每侵占一个村庄，就挨家挨户的搜寻中国大姑娘，先强奸，然后用刺刀捅死，残暴之极！中国人最痛恨日军的这一暴行。因此，老师教给我的台词仅有一句："你们家里大姑娘有没有？"总之，那时每天下午锣鼓喧天，除扭"社火"动作外，唱会了不少救亡歌曲，如《流亡三部曲》《抗日军歌》《大刀进行曲》、《游击队歌》等，《满江红》和《苏武牧羊》也是必唱的传统歌曲。

自潼关以东的大片国土沦陷后，日本飞机要来炸西宁的可能性越来越紧迫了。为了防空跑警报，当局在四大城门的城楼上高悬了四口大铁钟。只要铁钟一敲响，人们就须撒腿向城外飞跑。又怕4个城门洞由于人多拥挤难逃，便在今大同街、斗行街、前营街、水井巷、花园北街、花园南街的尽头靠城墙处挖了6个缺口，以便日机侵袭时疏散。当时的省主席马步芳自有了这些城墙缺口，就认为此后不怕日本飞机来轰炸，据说还询问"倒江水"的民间艺人老万："你看日本飞机会来轰炸西宁吗？"老万答道："黑狗白爪子（指警察服装），西宁不咋子！"（有惊无险之意。）谁知到1940年冬，成群的日本飞机公然出现在西宁上空。可怜我们这些小学生，既没有听到警报，也没有老师出面组织躲避，大家反而聚集在操场上仰着头一架一架地数数，大家一直数了48架。不知为什么，这回日本飞机并没有扔炸弹，也可能只是给青海人显示他们的军事威力。这一招果然厉害，在农村有家的，纷纷搬迁到原籍去躲轰炸。恰恰我二叔也被省政府辞退，他只好到外地去找职业，二婶和我的一个小堂妹，就迁回我们西纳川的原籍去了，我成了住校生。1941年夏季某日，忽然警报连续不断地响起来，大家知道情况不妙，纷纷向城外逃跑，当时已是15岁的我，跑起来比兔子还快，一口气跑到南山上早已挖好的战壕中，并且在耳朵内塞上了羊毛（据老师说，轰炸时可防止耳膜被震破）。我们进入东西走向的战壕中后，下额搁在朝北一边的壕沿上静静地望着西宁城。随着紧急警报刚刚响完，27架日机"嗡儿嗡儿"地像狗嚎狼叫般自东向西飞来，它们当时并未投弹。远远望去，似乎飞到西川阴山堂上空，然后右转弯，直扑西宁城高空，接着城北部及湟水沿岸炸弹声、机枪声，像炸雷，又像炒麻麦一样响起来。一时我的心脏几乎要从胸膛中跳出来，既气愤又恐怖。解除警报响过后，我们回到学校时，只见操场北面的那三间尕平房早已坍塌，住户所养的那头毛驴伸直了四条腿侧卧在地上，它的靠近屁股的脊背上被弹片炸了一个洞。我们常行走的下饮马街、玉井巷，到处房倒屋塌，浓烟滚滚，从废墟中传来人们呼天抢地的哭声。据事后官方统计，这次日机炸死炸伤同胞71人，受难160户，炸毁房屋500多间。日本侵略者又一次犯下了滔天罪行。

由于这次可怕的轰炸，我们在西宁的三户亲友，也相继搬到我们乡村的家中去避难。这年我高小毕业，但因为心情不好，报考湟川中学时，名落孙山。

1942年，我进入西宁中学初一先修班时，西宁城调来了一批高射炮兵（据说他们是八战区派来的中央军），驻扎在南门城楼上，离我们学校近在咫尺。可是鬼子的飞机再也没来，高射炮静静地蹲在城头上，炮口一直向天空指着。炮手们无事可干，就近编入我们初一的班级中学习，直到以后抗战胜利，他们就地复员为民当了小商，有的就在东大街摆摊设点。新中国成立后，有的炮手又成为国营商店的营业员。

（青海省西宁市城中区政协文史委:《西宁城中文史资料》第17辑,2005年12月印行,第23—26页）

3. 西宁轰炸目击者和死难者家属证言[①]

朱世奎

耿英（2001 年时 70 岁，青海省农牧机械局退休干部，原住西宁观门街中段东侧）：那天（1941 年 6 月 23 日）我的两街邻同时被炸。一处是住观门街南头东侧的吴斗斗家，斗斗是他乳名，和我同龄，时年 10 岁，是我威锐小学（现观门街小学）同班小友。那天他和父母在家中，祸从天降，一家 3 口同时惨遭炸死。再一处是观门街北头南侧，记不起姓氏，一炸弹穿过屋顶、板炕和炕灰入土未爆，后被掘出，上书"昭和十三年制造"字样。

李溥（2001 年时 69 岁，西宁市政府物价局退休干部）：我时年 9 岁，家住西宁市南玉井巷东段南侧大巷道西土圈门。那天（1941 年 6 月 23 日），我母亲在西房炕上休息，姐姐抱着我的小弟弟上到房顶看飞机，我和妹妹在西北角厨房正在吃贵德亲戚给我家送来的"梨儿炒面"。一枚炸弹斜中我家厨房后，洞穿北房与厨房之间的隔墙，钻入北房西头火炕中，深入地下。炸弹幸未爆炸，但激起的炕灰笼罩了北房、厨房和全院，呛得人透不过气来。我家斜对面南玉井巷东端北头崔青云家被炸。我弟李钊去看了，崔老先生惨死在屋中，无头无腿，血肉模糊，惨不忍睹。张背锅儿被炸死，他家的一头毛驴也被炸死。

刘得炎（2001 年时 67 岁，青海省群艺馆副研究馆员）：我时年 7 岁，家住西宁市小新街中段南侧，在西宁兴文小学（今西宁十四中学址）上学，朱世奎、崔青云和我同班同学。日机轰炸时老师带同学们去西门外躲避。炸后返校，见操场中了一颗炸弹，爆炸后形成直径 2 米、深 1 米的锥形大坑。事后还得知崔青云的父亲被炸死，朱世奎的八伯母被炸伤。还听到有人说，那天（1941 年 6 月 23 日）有几个伪装手艺人的汉奸用照镜子的方法给日机指示目标，被警察逮捕了。

梅锦春（2001 年时 71 岁，西宁市电影公司退休干部）：我时年 11 岁，家住在西宁市法院街。1941 年 6 月 23 日，警报响后，我跑到城外躲避。未等解除警报，我立即返城，看到的情况令人心悸不已。第一个看到的是被炸死的一位警察，地点在下饮马街北头与法院街东头及后后街（今新民街）南头三街交汇处、

① 为揭露日本侵略者的残酷罪行，自 1998 年以来，退休后的朱世奎老人不惜顶着烈日，冒着严寒，多次往返穿行于西宁的大街小巷，寻访当年惨案的目击者。以下是他于 2001 年采集的目击者的证言。

当年老百姓叫"汪稿爷楼儿"（一种跨街的骑楼，一般是楼上供奉神祇，楼下门洞可以行走）的地方。该警察那天在三街交汇处值勤，中炸弹当场牺牲，血肉溅在 10 多米外"汪稿爷楼儿"的门洞墙上。又在饮马街北段西侧"梁神娘娘"家巷道口（此巷中还住有著名中医郭心田）有位名叫罗七爷的大伯，开一爿小杂货铺。那天他的老伴也在铺子里，中炸弹后，铺子被炸毁，老两口均被炸死。又，我的街坊法院街马善人（名马融庵）家中了一枚燃烧弹，厕所中一枚炸弹，均未爆。饮马街与兴隆巷接壤处一枚炸弹也未爆，我去看了，有"昭和十四年造"字样。

日机轰炸后乃至较长一段时间，人们精神还比较紧张，尤其是每逢天晴，都有点惶惶不安的样子。在我记忆中曾发生过这样一件事：某日，天气晴朗，时近中午，我正步行到饮马街与小新街接壤处，突然看见人们慌慌张张，从小什字方向向北涌来，有人喊"发警报了"。我也只好随着人流从饮马街向北再拐弯向西至法院街、玉井巷、北大街、隍庙街（今解放路）、石巷（今互助巷）、水眼头（今水井巷市场），出小南门到南山根躲避。逃跑的人越来越多，绝大多数都是像我一样惊弓之鸟式的逃跑者。直到第二天方知原委：当时防空警报有两种方式，一种是四大城门的钟声，合城皆知；一种是警察两手分执红绿旗指挥，红旗报警，绿旗解警，红绿旗交叉快速挥动，谓之紧急警报。当时有一名警察（西宁市警察局在府门街，即今文化街）前一日将两面指挥旗寄放在饮马街南头西侧的一个杂货铺的柜台上，次日上午店主发现小旗上落了许多面粉（该店经营面粉），就执两面旗子到街心想抖落旗子上的面粉。不意行人看见旗子乱抖的动作，以为是紧急警报的信号。一人呼警，众人盲动，正应了"一呼百应"这个成语，于是大家随大流逃跑起来。事后想来虽然有点可笑，但可以看出，日军飞机对古城和平居民的狂轰滥炸，除了造成生命财产的损失外，在精神上造成的创伤是多么的沉重！

朱兴奎（2001 年时 72 岁，青海省劳改局退休职工）：我时年 12 岁，家住西宁市南玉井巷中段南侧。我哥朱毓奎当时在乐家湾担任军医，是他得知内部消息，1941 年 6 月 23 日要来日机轰炸，告诉家人一定要躲避。当时我母亲去我舅父家（姓韩，住下饮马街南段东侧），毓奎兄急令我 10 岁的喜儿妹妹通知母亲出城躲避。不料母亲毫不在意，偕妹妹回家后，竟在厨房中烙起锅盔来了。待到紧急警报响起一会儿，方从厨房中出来，欲向我家东花园躲避。正在这时，炸弹在厨房爆炸，炸飞了一截木椽，击中了她的右大腿，将她击倒在地。她右腿失去知觉，只好用双手和左腿爬行，待爬到东园杏树下时，方被妹妹发现，抱住母亲大哭。事后推算，母亲大约只抢出了五六秒钟时间，否则后果不堪设想。我家前院被炸南房 2 间，十二叔家东房 1 间、角房（东南角、厕所）1 间、东园北房 3 间也被炸。最可惜的是我祖父前清贡生朱焕南公的诗词文稿、医药著述、篆刻字画等灰飞烟灭于一瞬，其损失的文物价值是不可估量的。

又，据毓奎兄说：日机投弹的另一个重点是西宁东郊的乐家湾军营，驻军官兵均登南山战壕中隐蔽，故无一人伤亡。日机轰炸时有的炸弹误投湟水之中，激起二三十米高的水柱，引起军人拍手喝倒彩：炸得好，再来一个！

又，在隍庙街（今解放路）东段北侧，在西宁的在城社仓（今省粮食局家属院）门口有古柳一株，日机炸弹正好投在树杈上被卡住，未能落地。较长一段时间行人路过此处时，都侧目而视，表现出既好奇而又紧张的样子。

（原件存中共青海省委党史研究室）

4. 不应忘却的惨案

——为西宁 1941 辛巳死难者默哀

石 葵

1941 年（辛巳）6 月 23 日（农历五月二十九日）午时，西宁古城遭遇空前浩劫。日本军机 27 架对西宁古城狂轰滥炸，造成人民生命财产、文化财产的损失是非常巨大的，对古城和居民造成的精神损害、心理创伤是难以估量的。虽然事隔 64 年，但在笔者向历经这场浩劫的老人们采访时，他们总是面有余哀、语有余愤、心有余悸、情有余恨，使笔者的灵魂受到了很大的震颤。我不由自主地面向苍天发问：我们青海人惹谁了？我们西宁人惹谁了？你日本国军机有什么理由向不到五万人口的西宁古城地区投掷 200 多枚炸弹、40 多枚烧夷弹（燃烧弹），发射上万发机枪子弹？以致摧毁建筑物 530 余间，残杀回汉警民、小学生、婴幼儿 43 人，伤残 28 人；受灾户达到 160 多户。这究竟是为什么？为什么！带着这些为什么，笔者从 1999 年开始，多年来查阅大量历史档案，参阅有关青海当代史料的书籍，采访了数十位目击者、知情者、受害者，再加上笔者亲身的经历，写成了《西宁辛巳六十年祭》一文（《西海雪鸿集》，亚洲中辉联合出版公司，2001 年，第 65—82 页）。近两三年来，笔者又陆续会见了一些知情者、受害者家属，追踪到一些新了解到的死难者的情况，作一些补充叙述，愿和广大读者一道，为死难的回汉同胞献上心香一瓣，肃立默哀。

吴宝珊一家四惨死一重伤。吴宝珊，1900 年出生，曾接受过私塾和新式学校教育，年轻时从政，中年以后经商，在西宁城区开一爿三间门面的绸缎瓷器铺，兼营日用百货。其家住西宁观门街南段东侧，从南向北数是第三条东巷道的第三座南大门，一进两院，外院住人，里院存放价值数千元银洋的绸缎布匹等货物。妻子徐文芝，1908 年生，湟中县拦隆口乡西拉科村

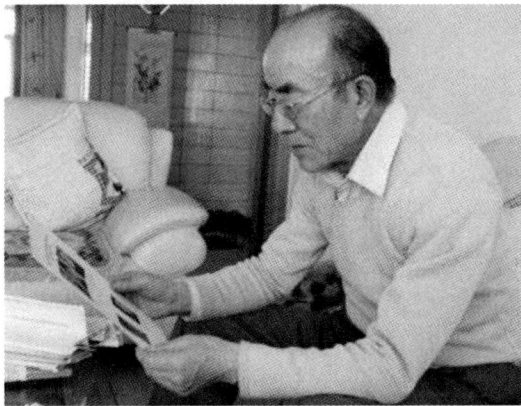

正在研究资料的本文作者石葵（董秀章摄）

人。老两口生有两男两女：长男吴斗斗，1931年生，时年10岁，在观门街北段的威锐小学（今西宁市第一中学）三年级读书；次男吴鸿钧，1938年生，时年4岁，在家玩耍；长女吴鸿英，1934年生，时年7岁，尚未上学；次女吴娟娟，1941年元月生，只有半岁，吃奶婴儿。1941年6月23日午时，日本军机的3枚炸弹同时投到吴家院中，其中一枚直落两院中间爆炸。惊天动地的一声巨响之后，顷刻之间两院房屋倒塌，血肉横飞，41岁的吴宝珊、33岁的徐文芝、10岁的吴斗斗、半岁的吴娟娟，一家四人一刹那间惨死在屋中。4岁的吴鸿钧被炸伤头部、臀部，震聋左耳，昏死在面柜下面。那天唯一幸免于难的是7岁的吴鸿英，她在上午从观门街家中送一位亲戚到西门外长磨沟一带，侥幸躲过了这一劫；等她回家后她弟弟也逐渐在昏死后苏醒过来，留下了耳聋的终生残疾。成了孤儿的吴鸿英、吴鸿钧姐弟俩被外婆徐老夫人救护到了湟中县西拉科乡下，由外婆及舅父徐宝卿、舅母李尔莲抚养成人。

吴宝珊1926年在南京时的一张照片，照片上的字是他本人的亲笔，内容是："十有五年秋，香浦奉当局命来京，欢迎班佛，而德三、寿山、宝珊、星五、维义，均以年班贡差留都，旅次把晤，其乐逾恒。遂以雪泥鸿爪之意摄影以志之。中华民国一十五年南京留念"（笔者注：吴宝珊先生在照片上的这段题词中的班佛即九世班禅大师，颇有史料价值，但照片中提到的几位先生如香浦、德三、寿山、星五、维义，均有名无姓，特录出备考，以待识者。）

吴宝珊之次子吴鸿钧被炸伤头部、臀部，炸聋左耳，终生残疾

以上情况先由吴斗斗的同龄同班同学耿英先生（1931 年生，青海省农林厅退休干部）最早在 2000 年 10 月 23 日向笔者提供；再由吴鸿英（吴宝珊长女）、李桂香（吴宝珊的次儿媳、吴鸿钧的夫人，互助县城北小学的退休教师）两位女士在 2004 年 8 月 30 日向笔者亲自书面和口头提供。

罗七爷一家三口惨死。罗七爷，名罗延龄，字寿山，1899 年生，西宁北川彭家寨人。他在西宁市下饮马街北段西侧开两间门面的醋铺（自酿自产自销食醋），兼营日用杂货。罗七爷先和曹夫人结婚，生有一女名罗永秀（1920 年生），曹夫人去世后，他和高夫人（1914 年生）结婚，1934 年生有一男孩名斗灵保。1941 年 6 月 23 日中午，日本军机的炸弹一枚在西宁市下饮马街、法院街、后后街（今新民街）三街交汇处爆炸，炸毁罗七爷家的铺面。42 岁的罗七爷的头和颈基本炸离，27 岁的高夫人被炸飞左手、小腹被炸破、肠子外流，怀孕五月的胎儿也炸死腹中；7 岁的斗灵保，被炸飞整个头颅，飞落在铺

被炸死的罗七爷遗像（摄于 1940 年，蒙难时年 42 岁）

子后墙存放货物的架格中。一家三口顿时惨死家中。罗七爷之女罗永秀系曹夫人所

生，和陈有涵先生之子陈彦邦结婚，不跟娘家父母在一起，幸免于难。另据罗永秀回忆，他家醋铺对门有一位卖熟大豆（炒熟的蚕豆）的刘先生及夫人，其头手均被炸受伤被送医院医治。

以上情况先是由梅锦春先生（1929 年生，西宁市电影公司退休干部）在 2000 年 10 月 23 日向笔者最早提供。后由罗七爷之女 85 岁的罗永秀（现住西宁市花园北街 55 号 1—301 室）本人向笔者提供，时间为 2005 年 5 月 30 日上午，罗永秀的堂妹罗永梅（她是引领人）在座。罗永秀之长子陈占洲及夫人邵新萍肃立旁听。

罗七爷之女罗永秀控诉日寇轰炸西宁暴行

另据罗延龄侄子罗永玺先生（1934 年生）2005 年 6 月 27 日在其西宁西郊彭家寨村 356 号的家中向笔者讲述：我大伯罗延龄为人乐观，笑口常开，被人戏称为"罗大校"（大笑的谐音）。被炸的那天，有人劝他们躲避，他笑呵呵地说：我晌午里还要吃酿皮儿哩，吃了再说，炸弹就端端儿的炸我里么!这句笑话不幸而言中，成了他的最终幽默。我大伯续弦的伯母姓高，生有一男（又生过一女早殇），名叫斗灵保，1934 年生，和我同龄。那时我家住在西宁兵部街中段北侧，我们经常互相到对方家中去玩。那天大伯一家三口被炸惨死，是我母亲——时年 33 岁的党同玉女士帮助殓尸。据我母亲说，大伯身首离异、血肉模糊，是母亲手捧破碎的遗体放入棺材中的；伯母高夫人被炸断左手，对接后放入棺材中，外流的肠子轻纳腹中；斗灵保的遗体按照当地风俗，不具棺木，放在一个背斗中蒿葬。

罗七爷之侄罗永玺夫妇控诉日寇轰炸西宁暴行

汪生祯家中惨死四人，南邻魏香坊家香工惨死一人。 被采访人汪源、邰玉梅夫妇叙述：我们汪家住在西宁市南玉井巷 30 号，位于该巷的中段南侧，东邻朱家（朱世奎先生）西花园；南邻魏香坊家（魏焕文先生）的香料作坊院，有碾香料的磨盘等。祖上是湟中县海子沟的汪土司家，从爷爷开始来西宁居住。汪家一进两院，后院租给一位詹姓循化人居住。前院兄弟二人居住，哥哥即我父亲，名汪生金，弟弟即我二叔，名汪生祯。同胞兄弟二人都从名师学得裁缝手艺，人称"汪裁缝"，在西宁颇有名气。当时我的祖母健在，老兄弟 2 人，老妯娌 2 人，小辈姐妹们和我共 5 人，是 10 口之家。日本飞机轰炸的那年我 8 岁，在西宁大同街小学上二年级。1941 年 6 月 23 日警报响后，奶奶、二叔要我父亲领我和二姐汪丽、两个妹妹一行 5 人出城躲避。我们出了西门，到陈显荣（时任青海省政府秘书长）家花园门外水沟边树荫下休息。陈家是父亲的老雇主，知道后派人送来一壶茶水。时近中午，我们以母亲带给的一个大锅盔（麦面大厚饼）充午餐。日机来时，父亲和我还抬头数着飞机，后就听见爆炸声，令人惊惶不安。警报解除后，父亲领我们原路返回。不久就遇到一个熟人对父亲说，你们家被炸了。父亲听后登时大惊失色，把我们弟妹 4 人暂时寄放在一位亲戚家中，匆忙回家。原来那天我二叔汪生祯请来了罗、丁二位掌尺（掌尺是对手艺好的领班木工师傅的尊称）为我家前院修盖南房。罗师傅家住西宁市北大街中段东侧，原籍甘肃永靖县人；丁师傅是西宁北门大河（湟水）北岸朝阳乡四台子村人。另外还请来了二叔的名叫张珍的朋友帮忙，连同二叔学艺弟子李春林，同在家中干活。时近中午，我二叔和罗、丁二位师傅及张珍先生在北房台子上午休。吃午饭时还上了一点酒菜，并打开洋戏匣子（留声机）助兴。这时日机突然袭来，两枚炸弹直落院中，其中一枚炸弹爆炸，罗、丁、张三位血肉横飞，顿时惨死；我二叔汪生祯头部左颞骨中弹片入脑，血流如注，左颈部被一截炸劈的木椽残端刺入，倚墙瘫坐地上，口不能言，只见双手摆动。我父亲赶到家后不一会儿，可怜的二叔就在我祖母的怀里断气了。全家人呼天抢地、哭得死去活来。我家房屋北房全部炸毁，东西房严重破坏，东房顶棚坍塌后将我二婶贾银存（1909年生）和大姐汪绣（1932年生）压在下面，后被二叔徒弟李春林救出。轰炸时李在厨房烧水，祖母和母亲跑到后院南面一棵果树下躲避，幸免于难。又，我家的南邻是魏香坊家碾香料的作坊院（坊主名魏焕文，在北大街开有香铺。家中还有魏发基先生，是北洋大学水利工程系大学生，水利工程师，1948年时曾在西宁中学高中部担任英语老师），也中了炸弹。一位哑巴是香料工，驱一头毛驴在碾子上碾香料，工人和驴子同时被炸死。据奶奶说，这位哑巴香料工在炸前曾爬在一棵树上向天空张望呢。1985年，父亲命四叔汪生珠、大姐汪绣和我将二叔的遗骨从西山湾临时墓地，迁葬于西宁凤凰山祖坟。我亲自看到二叔头骨的左颞骨上有一个三角形的弹孔。我们不禁怆然泪下。映着阳光，那块记录日寇暴行的弹片还清晰可见。为避免对二叔遗骨造成第二次创伤，四叔叹口气说：唉，不要再取出（弹片）来了吧！所以这块弹片作为铁证，仍保留在二叔的头骨内。

以上情况是汪生金之子、汪生祯之侄汪源先生和夫人邰玉梅女士，在2000年10月20日上午向笔者提供。汪源曾任青海省计划生育委员会副主任，已于2001年7月去世。邰玉梅女士也于2004年2月去世。

2005年7月1日，笔者辗转找到汪生祯先生的两位女儿，长女名汪绣，1932年生，今年73岁；次女名汪丽，1935年生，今年70岁。据她们回忆：那天汪丽、汪源等几个小孩由大伯父汪生金领到西门外躲避，幸免于难。汪绣正在西宁女师附小二年级读书，那天放学很早，她回家后和母亲贾银存（1909年生）在她家前院东房休息，闲看母亲做针线。震耳欲聋的大爆炸把东房的顶棚震塌，把她和母亲压在下面，等到李春林哥把他们救出后，才见到丁、罗、张三位师傅惨死院中，父亲头颈流血，瘫坐在东房墙根，只见两手摆动，好长一会儿方在奶

被炸伤的汪生祯夫人贾银存（1909—1975）女士（被炸致残，双耳失聪，精神抑郁，长年卧病）

奶的怀里含恨死去。她们母亲贾银存，时年 32 岁，被震聋双耳，成了残废，大脑也被震伤，再加极度悲伤，得了抑郁症，常在黄昏时分，跑到大门外悲哭，引得全家大小伤心落泪。她们终身残疾、受尽磨难的母亲于 1975 年 7 月 22 日去世。

白师傅一家三口惨死。马玉珍女士叙述：我时年 8 岁，家住西宁市观门街北端西巷道。父亲有一位织口袋的同行姓白的好友，家住后后街（新民街）中段北侧，那天（1941 年 6 月 23 日）白宅被炸毁三间北房，白师傅夫妻 2 人和 4 岁的小男孩一家三口同时惨死在日军的炸弹下。我父亲闻讯后前去帮助料理后事。又，我家对面是傅家大院，分前后两院，同时中炸弹，均未爆炸。

马玉珍女士 1933 年生，西宁市人，家庭妇女。其先生名王永福，原青海汽车六场离休干部，现住在西宁市新宁路原汽车六场家属院。

老张爷被炸惨死。西宁法院街西段南侧当时有一片属于兴文小学的菜地，由老张爷经营。他因为是驼背，人们背称张背锅儿（笔者秉笔直书，敬请张老先生在天之灵原谅）而佚其名。炸弹直落他家，他被炸死在他家板柜旁边。他家的一头毛驴同时被炸死。

以上由梅锦春先生（西宁电影公司退休干部，1929 年生，时年 12 岁）、邓靖声先生（西宁市城中区政协委员，1929 年生，时年 12 岁，2002 年不幸去世）向笔者分别提供。1941 年邓靖声先生是兴文小学（今西宁十四中学校址）六年级学生，日机轰炸时那天他在学校，亲眼目睹了该校操场中弹爆炸及校北菜园老张爷被炸死的现场。

崔子贞被炸惨死。崔子贞老先生家住南北玉井巷交汇处的西北角，占有院中的均是两层楼的南房和东房。东房的东墙是一道水磨砖砌成的、有两个半圆形门洞的墙。这道墙从南玉井巷、北玉井巷及东面的法院街组成的三角地来说，是一面临街的西墙。半圆形的门洞内，崔老先生开一爿杂货铺，出售油盐酱醋、日用杂货。崔先生待人和气、买卖公平、受人尊敬。但因个子矮小，人们背称"崔尕人儿"（笔者秉笔直书，敬请崔老先生在天之灵原谅）而佚其名。他的长子名崔青云，1931 年生，比笔者大一岁，是笔者兴文小学二年级同班小友，我常陪他到北门外北门泉用毛驴驮水。他还有母亲和一位比他大两岁的没过门的媳妇。日机轰炸那天，一枚炸弹直落院中，摧毁了东房，崔老先生惨死在柜台下面，腿断头裂，血肉模糊。那面两个半圆形门洞的墙上面留有日机轰炸的弹片击穿的洞眼及机枪扫射的许多弹孔。1985 年，笔者曾以青海省政协委员的名义提议保护这面砖墙，以保留日本军国主义者的这一罪证，得到西宁市文物管理委员会的重视，挂了一个白底红字的木牌，简介日机轰炸西宁的情况，将该墙予以保护；但在

1996年，西宁市城建部门将此墙推平，把日本侵略者的一件罪证消灭了。

1941年6月23日，日机轰炸西宁时，位于南北玉井巷交汇处的崔青云家住宅栋楼被炸。崔青云之父被炸死，血肉横飞。该楼西墙被敌机扫射，弹痕累累。

（青海省档案馆洛士本拍摄、供稿）

李钊先生（青海广播电视厅退休干部，1933年生）是目击者，笔者是知情者。

附：崔子贞家西墙照片。

金师傅惨死在昆仑中学。昆仑中学当时位于今西宁市七一路中段北侧青海省军区所在地，那天遭到日本飞机的轰炸和机枪扫射。该校伙房有一名叫金昱的炊工师傅，站在伙房门前张望，被日机炸弹在伙房门前轰炸致死。该员有口吃的病，人们背称"结巴"，为人老实，工作踏实，遭此惨变，师生惜之。

以上由包龙先生提供。包先生，回族，1927年生。当时在昆仑中学小学部六年级读书，现退休在家，住西宁东关雪峰小区。

又据孙伟令（1915年生）老夫人于2005年7月27日在西宁市玉井巷小学杨瑞芳（孙夫人长女）老师家给笔者讲：我当时家住湟水河北岸的上朝阳乡，1941年农历四月十九生了二女儿杨金芳（属蛇），按当地习惯坐月子后满40天才能出大门。日本飞机轰炸的那天是农历五月二十九，近晌午时听到城里的警报钟声，我走出大门不久，就看见日机向西宁城内俯冲投弹，听到爆炸声也看见了升起的烟尘，又很快看到飞机向昆仑中学方向轰炸扫射，我的心立即悬了起来，因为我的二弟孙有德在昆仑中学伙房帮厨，干一些洗菜揉面的勤杂活。警报解除后，我打发我的大弟孙有才前去昆仑中学探视，到傍晚时弟兄二人才回家来。据孙有德说，他和金昱那天都是在厨房干活，飞机来时金师傅跑到门外观看，他还在继续揉面，听到厨房门外的爆炸声后吓得他躲到案板底下，半天不敢出来。待到他爬出门外，发现金师傅倒在血泊之中，惨不忍睹。受了极度惊吓的他丧魂落魄，连站起来走路的力气都没有了。

铁占林惨死在水城门清真寺西。水城门清真寺在西宁七一路中段南侧。那天昆仑中学小学部三年级小学生铁占林正行走在水城门清真寺西约 100 米的地方，被日机机枪扫射致死。铁占林，回族，原籍甘肃临夏人，1931 年生，时年 10 岁。他幼年惨遭此不幸，师生痛惜。

以上由古文义先生提供。古文义先生，曾任青海省人民出版局副局长，回族，1931 年生。铁占林是其同校同班同学。

鲁生海惨死家中。西宁观门街自北向南数第 2 条西巷道中，南侧的一个院落是一进两院的鲁家，鲁家是西宁有名的中医世家。1941 年 6 月 23 日中午，警报钟声响后，年仅 22 岁的鲁生海没有和家人一起躲避，留在家中的两院中间的过庭中看书，炸弹直落院中，鲁生海惨死过庭中。当时鲁生海已结婚，夫人名赵永华。

以上情况由鲁生海之侄鲁峻先生在 2006 年 4 月 10 日向笔者提供。鲁峻先生已退休，是青海省广播电台处级干部。

执勤警察一名殉职。据知情人说，当日有一名西宁警察局的警察，很可能是南川或小南川人，休假期满归队，穿一身新制服上班。队长派他去饮马街、法院街、后后街巡逻。当他走到三街交汇处的"汪稿爷楼儿"（这是一座跨街骑楼，楼上供奉神祇，楼下是门洞，可通车马行人）前面时，日机的炸弹在他附近爆炸，他被当场炸死，血肉横飞，溅到"汪稿爷楼儿"门洞下的东墙上面，惨不忍睹。这颗炸弹同时炸死罗延龄（罗七爷）一家三口、警察一名，炸伤刘大豆家夫妇两人。

以上情况系梅锦春先生在 2000 年 10 月 23 日和 85 岁的罗永秀老人在 2005 年 5 月 30 日分别提供。梅锦春，西宁市人，1929 年生，时年 12 岁，现为西宁市电影公司退休干部。

同日，共有 5 名警察在岗殉职。可惜其姓名、地址及牺牲的情况均不详。以上惨死的 43 人中，穆斯林群众 5 名，汉族 38 名；知道姓名或只知道姓或职业的 25 人，不详者 18 人。

血写的这桩亘古未有的惨案是不能忘记的，也是不应该忘记的。一个忘记历史教训的民族是没有希望的。我们应该把日本军国主义分子和广大爱好和平的日本人民严格区别开来。问题是现在一小撮日本军国主义分子否认侵略中国的罪行，否认南京大屠杀，否认 731 特种部队所发动的细菌战，否认灭绝人性地蹂躏亚洲妇女（强迫当"慰安妇"）的罪行，日本某些政要坚持参拜"靖国神社"（供奉着东条英机等 1000 多名战犯）等，应该引起我们的高度警惕。

　　谨以此文沉痛悼念西宁辛巳死难的回汉同胞！

2006 年 4 月 10 日完稿

（青海省西宁市城中区政协文史委:《西宁城中文史资料》第 17 辑,2005
年 12 月印行，第 13—22 页）

5. 关于日机轰炸西宁的几个史料考证

口述：朱世奎　整理：董秀章

鉴于有关史料对此次惨案的记载或不详细，或有失误，再加之轰炸当年的《青海民国日报》的存档报纸在 1952 年青海省图书馆大火中被烧毁，文字资料极少，包括死伤者姓名，无一记载。因此，我进行了有关的研究考证工作，就几个重大问题得出了一些证据确凿的结论。

关于轰炸西宁的日机架数问题，曾有两种说法：一为 48 架之说，一为 27 架之说。根据我在访问过程中老人们（67 岁以上）的回忆，数字各不相同。如陈立甲先生（71 岁，西宁文教局长、西宁三中前校长，退休干部）、刘溥先生（67 岁，西宁市物价局退休干部）、刘老先生（80 岁，西宁居民）等都回忆为 48 架；梅锦春先生、朱兴奎先生、巢生祥先生（67 岁，青海省建设银行退休干部）、王焕文先生（70 岁，西宁食品厂会计师，退休干部）、褚老先生（75 岁，西宁居民）等均较确凿地证明是 27 架。

从文献资料看：《青海历史纪要》（青海人民出版社 1987 年版）第 602 页记载如下：公元一九四一年（民国三十年）六月二十三日，日寇飞机四十八架空袭西宁。投弹二百三十多枚，炸死四十三人，伤二十八人，毁房屋五百二十余间，受难者一百六十户。

《西宁市志·公安志》（陕西人民出版社 1999 年版）第 4 页记载如下：1941 年 6 月 23 日，日本侵略军派出飞机 48 架侵入西宁上空，投弹 235 枚，炸毁民房 520 余间，炸死居民 43 人，炸伤 28 人，160 多户受难。

《西宁市志·大事记》（陕西人民出版社 1998 年版）第 76 页记载如下：1941 年 6 月 23 日，日本侵略军派出飞机 48 架侵入西宁上空，投弹 235 枚，炸毁民房 520 余间，炸死居民 43 人，炸伤 28 人，160 多户受难。

《青海 1900～1949 五十年大事记》（魏英邦著，西宁城中文史资料第 12 辑，2000 年 10 月）第 41 页记载如下：1941 年（民国三十年）六月，日寇飞机二十七架空袭西宁，投弹三百余枚，市民死伤七十余人，毁房屋五百二十余间，受难者一百六十户。

《青海百科全书》（中国大百科全书出版社 1998 年版）第 949 页记载如下：1941

年 6 月侵华日军 27 架飞机空袭西宁，居民死伤 81 人。

《青海通史》（青海人民出版社 1999 年版）第 905 页记载如下：民国 30 年（1941 年）6 月 23 日，侵华日军出动飞机 27 架轰炸西宁，死 43 人，伤 28 人。

究竟是 48 架还是 27 架日机轰炸西宁？查阅文献后，两说并存。不妨再引证青海省文史馆馆员、书画家、诗人周光辉（字月秋）先生《绘云阁诗钞》（打印稿本）中的诗一首作证：

日本飞机轰炸青省，诗以记之

民国三十年六月二十三日午时，敌机二十七架飞青轰炸，损失虽巨，幸多枚未发，据调查，死伤人数约一百有奇，毁房屋百十间，其余抛在空地云。

浩劫来边地　飞机炸省垣
震时心胆裂　轰处血痕存
房舍东西倒　人民远近奔
倭奴何太狠　几日报仇冤

这首诗除对伤亡人数与被毁房间数颇有出入外，特别肯定轰炸西宁的日本飞机是 27 架，而且时间是午时，都是非常准确的，可谓是一篇史诗了。

我又从青海省档案馆中查出前青海省政府秘书处编印的《青海省政府工作总报告·中华民国三十年六月起至十二月份止》，第 56 页称：自六月二十三日，敌飞机二十七架，袭击西宁城市及乐家湾后，惟恐有汉奸，为敌甘作导线，杀害同胞，破坏建筑，令饬省垣壮丁司令韩有文，西宁县壮丁司令马河清积极推动捕奸工作，以期灭绝奸逆，减少损失。

这是一份权威性证明文件：第一，1941 年 6 月 23 日，日机轰炸了西宁；第二，轰炸飞机是 27 架而不是 48 架；第三，关于民间有汉奸用镜子反光导航之说，不是空穴来风，上文的"令饬积极推动捕奸工作以期灭绝奸逆，减少损失"的文件可以佐证。文中提到的省垣壮丁司令韩有文，同时任省垣警察局局长。韩系撒拉族，青海循化县人，日机轰炸时坚守岗位。事后由上级所发的褒奖令称："敌机轰炸省垣之际，省会警察局局长韩有文，指挥部属，克尽厥职，以致身遭危险，衣物损失净尽。本会（按：青海省赈济会）深佩该员负责辛勤。又为体念物力维艰，着在赈款项下，拨国币两千元，以资慰劳，而示奖励。"

我又分析了许多西宁土著老先生及有的正式出版物上误记轰炸西宁的日机为 48 架的原因：1941 年 6 月 18 日（一说为 1940 年冬），日本飞机 48 架，经永登窜入青海民和、乐都、西宁上空进行骚扰，未投弹。这次日机数量多，是青海人第一次见到这么多的日本飞机，所以留有深刻印象。部分目睹者年久失记，不免误将两次日机来宁的架数混淆了。

关于在日机轰炸西宁惨案中的伤亡人数，我也进行了详细的考证。据调查，伤亡者大多集中在西宁城垣之内，由于日机是从西宁城的西南方向向东北方向俯冲投弹的，因而更集中在南玉井巷、法院街、下饮马街、府门街（今文化街）、观门街、后后街（今新民街）等地。据对死亡者不完全统计，列表如下：

户　　名	地　　点	死亡人数	死者姓名
汪生祯家	南玉井巷 30 号	4	汪生祯、罗师傅、丁师傅、张珍
魏香坊家	北大街中段东侧	1	哑巴香料工，姓名不详
崔青云家	南北玉井巷交汇处	1	崔子贞
白口袋匠家	后后街中段北侧	3	白师傅、白夫人、小男孩
罗七爷家	下饮马街北段西侧	3	罗延龄、高夫人、罗斗灵保
吴斗斗家	关门街中段东侧	4	吴宝珊、吴徐氏、吴斗斗、吴娟娟
鲁生海家	观门街西侧从北向南第 2 条西巷道	1	鲁生海
铁占林家	七一路东段水城门清真寺附近	1	铁占林
金昱家	七一路东段北侧昆仑中学伙房	1	金昱
老张爷家	南北玉井巷交汇处南侧	1	老张爷（张背锅儿）
警士	府门街、下饮马街	5	不详
不详	不详	18	不详
总计	／	43	／

根据前青海省政府秘书处编印的《青海政府工作总报告·中华民国三十年六月份至十二月份》第 69 页至第 78 页记载：

青海省会三十年度遭受空袭伤亡人数表

被炸日期	被炸地点	伤亡人数		
		死亡	重伤	轻伤
六月二十三日	青海省省会	43	12	16

说明：死亡数内有警士 5 人，其余均为平民；重伤数均系平民；轻伤数内有平民 7 人、警士 1 人、官兵 8 人。

当时的青海省赈济会发放炸死人民棺木、卡凡等抚恤费情况表

类　别	发放数目	备　注
棺木费	4620 元	共炸死汉民 33 人
卡凡费	287.5 元（卡凡 15 丈）	共炸死回民 5 人
抚恤费	1630 元	炸死警士 5 人，每人发抚恤金 300 元，受伤警士 1 名，发医疗费 10 元，受伤官兵 8 人，共发医疗费 120 元
膳食费	120.5 元	/
共计	6658 元	/

关于在日机轰炸西宁惨案中的财产损失，我也作了较详细的调研考证。引述如下：

青海省赈济会调查被炸灾民人数及公私财产损失表

类　别	调查数目	损失情形	被炸房屋
被害灾民	160 户	119000 余元	449 间
受损机关	9 处	不详	81 间
合计	169 户	119000 余元	530 间

其中位于兴隆巷东段北侧的统领寺，又名昭忠祠，是当时西宁初级职业学校所在地（1949 年后，这里曾是西宁女师、西宁女中、西宁二中等校址，现为观门街小学校址）也被严重炸毁。当时青海省赈济会根据该校的呈报，增拨了修理经费，行文如下：

本年（三十年）六月二十三日，敌机轰炸省垣时，西宁职业学校被炸，将校内外墙垣房屋，炸毁甚多，业由本会查明，拨给赈款壹仟元，饬即从速修理在案。兹据该校呈请，以物价人工过于昂贵，所拨之款，尚不敷修理等请前来，当由本会准予再行增加修理费叁佰元，俾资完成全部工程。

另有青海省赈济会拨空袭救济费数目表

类　别	受损户（人）数	发　放　款
被害人民	160 户（人）数	共 22290 元
受伤机关	共 9 处	共 28000 元
重伤	共 12 人	共 6000 元
轻伤	共 16 人	共 3000 元
总计		59290 元

勿忘国耻，是每个中国人最起码要做到的。为民呼吁，也是我作为一名老干部义不容辞的责任。只要还世人一段清白的历史，对惨案有一个公正的了结，九泉之下的死难者才可以安息，我也就满足了！

（原件存中共青海省委党史研究室）

6. 访日机轰炸西宁事件亲历者张志珪

董秀章

2006 年 12 月 7 日，笔者就 1941 年日军飞机轰炸西宁事件采访了当时的亲历者张志珪老先生。张志珪，笔名王圭，男，1933 年 7 月生于青海省西宁市,现为青海省第三建筑工程公司退休干部、会计师，业余时间从事青海民间民族文学研究，著有《青海风物传说》等著作，事迹被收入《中国当代民间文学家辞典》。

（以下用▲符号代表笔者）

▲张老，听说您在 1941 年亲眼见证了日军飞机轰炸西宁惨案，您能先谈一下日机轰炸前西宁城的防御情况吗？

张志珪：早在 1940 年 6 月，日机 48 架曾从北川方向飞临西宁上空，未投弹轰炸，仅骚扰了一番。从未受过防空教育、没有防空意识的西宁人开始警醒。以后，只要拉响警报（在四城门楼上敲钟），人们便倾城而出躲避空袭。因为西宁城内东半部人口密集，为了能尽快的疏散人口出城，当局在西宁城的四角各开出了一个豁口，谓之新城门，人们在前头加了个"小"字，如小南门……人们增强了防空意识，个别有条件的人家，搞了一些简易的防空设施。如我就读的湟川中学附设小学（在宏觉寺街，临近莫家街南口北面郭宝珊院子）后面有一块空地，挖了一个防空洞，类似电影《地道战》中的地道，南北向，两头各有一个斜坡式的巷道通向洞内，该洞长约 20 米，洞顶距地表两米余。

▲您能谈一下轰炸时的情况吗？

张志珪：1941 年 6 月 23 日，天气晴朗，大约上午 11 时，警报响起，我父亲一个手提着一个蓝布包袱（内包着账本），一个手拉着我，从大南门出城，沿水渠跑到南山寺，坐在桓侯殿庙门前。

下午 2 时左右，日本飞机仍像上次一样从北川方向进入西宁上空。这时我不顾老师所教的身体俯卧、两手掩耳、嘴巴张开等动作，跟其他人一样在那里数飞机，共计数了 27 架。一时在城内传来了爆炸声，人们纷纷估计着被炸地点。

▲日机轰炸后，您见到了或者经历了哪些情况？

张志珪：下午 4 时左右，我们从小南门进城，看见县门街（现人民街）西头路北公教医院（教会所办医院）门口围着许多人，其中有一位中年人，头上缠着白绷带，上面渗出斑斑血迹，在人群里讲述着被炸经过，手中握着一块约半个手掌大的弹片，供人们看。我手触摸那块弹片时，感觉它似乎还热着，不禁产生了莫大的恐惧感。

第二天学校采取措施，上午 10 点放学，下午 4 点上课，中间 6 个小时躲避日机轰炸。这种情况一直延续到放暑假，不仅给我们在精神上，而且在学业上都造成了极大的影响。

▲您对当时的伤亡情况了解吗？

张志珪：此次轰炸共受伤 28 人，死亡 43 人，其中 5 名是警察，占死亡人数的 11.6%，均死在下饮马街、观门街北段。这说明，当时的警察还是尽职尽责地维护着社会治安的。事后听长辈们说：若日机飞行路线再靠南 100 多米，沿东西大街而下，则人民生命财产的损失将会增加若干倍。据说日机是怕南北山上有防空武器，而从南北两山的中间飞行的。

▲日机轰炸后，人们的状况和反应如何？

张志珪：日机轰炸造成西宁城 73 人伤亡，160 多户居民无家可归，一些机关学校也遭受了巨大损失。人们悲愤欲绝，纷纷痛斥日本侵略者的残暴行径，更加坚定了支持抗日战争的决心。

▲听说近几年您一直在收集研究有关抗日战争的资料，请谈一下您的想法。

张志珪：日本侵略军对西宁人民欠下了血债，但是由于种种原因，随着时间的流逝，这个事件逐渐被有些人淡忘，我感到非常痛心。为了再现历史的本来面目，向日本法西斯讨回公道，这些年来，我一直在自费收集整理有关的抗日战争史实，以尽一个公民应尽的责任！

（原件存中共青海省委党史研究室）

7. 青海骑兵师东征抗日历次战役、战斗及其他情况（节录）

石景堂　吴乾元　陈德三[①]

我们于 1937 年 9 月 1 日随青海派出的国民党陆军骑兵暂编第 1 师赴前线参加抗日，现将骑兵师东征抗日历次战役、战斗及其他情况回忆如下：

青海骑兵师战士在青纱帐中伏击敌人（董秀章摘自《青海民革》2005 年第 3 期，第 36 页）

（一）豫东、鄢陵、扶沟全歼日伪军曹拾义部

1939 年 12 月间，黄泛区东的通许、太康地区日伪军曹拾义部 2000 余兵力分路偷渡抢渡黄泛，大举向我河防守兵进攻，并扬言"皇军"大队人马即将西进攻占洛阳等等。我河防守军与之在白马庙、尹郭、北槽、南槽、马立厢、韩四营、因果寨等 8 个沿河（渡口）村寨相持激战了一天多。在众寡悬殊的情况下，我方先后放弃

---

① 作者之一石景堂，男，青海省乐都县老鸦镇人，1937 年参加抗日，曾任国民党陆军骑兵暂编第 1 师（后整编为骑 8 师）营长、副团长、兽医处长、上校参谋长等职。现已故。作者之二吴乾元，男，青海省乐都县曲坛乡吴家台村人，1937 年参加抗日，曾任国民党陆军骑兵暂编第 1 师（后整编为骑 8 师）上校参谋处长等职，后任乐都县政协副主席。现已故。作者之三陈德三，情况不详。

了上述各渡口村寨。

师长马彪以十万火急电告洛阳长官部求援，司令长官卫立煌命令四十军军长庞炳勋（原系冯玉祥将军的老部下）派两个步兵师马上开赴许昌地带，集结待命。时值冬腊季节，气候突变，风雪交加。马彪利用于敌不利的天时，决然率全师兵力一举攻克各渡口村寨。敌一半兵力被歼灭，另一半企图乘船东渡逃命。当时朔风劲吹，又加黄河冰块集聚，渡船行驶不前，多数敌军跳水溺毙，葬身鱼腹。余者皆被我军俘虏，100 余名。我方伤亡仅 27 名。

还值得一提的是，第 2 旅四团二营营长马尚成（甘肃宁定县三甲集人）所属第一连第一排长马元林（临夏县人）原系哥老会分子，在驻守河防时，与河东日伪军曹拾义部互相勾结，枪杀营长马尚成、连长宗华林（宁定县人）和传事兵 4 名后，挟持 32 名兄弟渡河叛变。据说，曹拾义曾许诺给他团长官职。经 20 余天后，由叛徒马元林做向导，领日伪军曹拾义部偷渡黄河，被我全歼。叛徒马元林被生擒，当场杀头示众。报捷后，洛阳长官部怀疑我们对来犯之敌消灭如此神速（开始战斗至结束时只大半天），遂派员来前方实地视察。当时，由我陪同，仅在因果寨一处就见敌尸体枕藉百余具，始信无疑。此战是军民团结取得的又一次胜利，光被老百姓以抓钩、三叉等器具歼灭的敌人就好多。

是役曾得到各上级的嘉奖，防区百姓安然如故，箪食壶浆犒劳慰问，并献马彪师长"保境安民"万民伞一把，以表对我师的敬意和爱戴。

（二）豫东淮阳第一次战役（孔庄附近）

1939 年 9 月 8 日，洛阳第一战区长官部命令：着马彪师派一个加强团兵力渡黄泛北袭击淮阳（陈州）县城日军，策应友军袭击开封附近之敌。

师部命令第 2 旅旅长马秉忠选编精干官兵一个团出动。在一天黄昏后，人马分批乘木帆船和渔船，经河中心的村寨"万寨"到达北岸孔庄附近各村庄宿营，构筑工事。孔庄距淮阳城约 15 华里，该县城地处豫东，在军事上占有重要地位。日军以优势兵力凭借城堡坚固、深沟高垒已占据了两年多。日军若无较大战事，多是深居简出。城郊外围，当时被所谓皇协军、伪军（人们称为鬼变子）驻守保卫。

记得我旅临出发时，马彪师长提前准备了大量饭菜（本师出征前要会餐，已成习惯），在黄河南岸堤坝后边亲自分发给每人一大块肉、一碗菜、两个大油饼，犒赏出征官兵。他说："要努力杀日本鬼子，为我青海各族人民增光。"

翌日拂晓时，少数回族官兵正作早祷"班达"，前方已发现敌情，随之枪炮声大作，日军以优势兵力猛烈向我阵地进攻，但均被我英勇官兵击退。激烈战斗持续了 5 个多小时。

当时，旅长马秉忠要亲赴前线指挥。旅参谋长石景堂即加阻止：主将不宜亲上前线。旅长未从，石景堂只好跟随前往。临近前线阵地 20 多公尺处的草房后，旅长以望远镜观察正前方。旅长因为身高体胖，被敌发现目标，遂弹中左前胸部。日军更以密集火力射击，我旅无法撤退，我等将草房后墙拆除，匍匐退出，将旅长扶持于不远田埂下。顷刻间，旅长口念"开里麦"，就此以身殉国，时年 29 岁。营长李国勋（湟源人）亦壮烈牺牲，连长赵清心、排长郑成功、郑成仁兄弟（均系湟源人）等相继阵亡。敌虽强大，而我官兵报国心切，英勇杀敌，营长车进椿、霍世魁（湟源人）及副营长、排长等虽负重伤，仍坚持战斗。这次战斗英勇牺牲的兄弟200 余名，击毙鬼子 100 余人。

我军马旅长等官兵的壮烈牺牲、英雄气概感召全旅，更增强了大家杀敌复仇的决心，给敌以有力的回击和阻击。日军被迫停止进攻约 2 小时。我方趁机将伤亡官兵转送至黄泛南岸后方，分别埋葬和转院医疗。

与此同时，我旅命令韩有才营迅速抢占孔庄以北的村落。当时，日军百余骑亦企图抢占该地。双方遭遇在村落西侧平坦开阔地带，展开了白刃战，砍杀声震天地。日军马高刀长，于我军不利。连长马长寿（东乡人）命令兄弟们下马砍敌马腿，刺杀鬼子。在这场恶战中，百余敌骑在我马长寿连长一声令下消灭大半，残余鬼子狼狈逃窜。我方缴获日制三八式骑步枪 40 余支、战刀 50 余把、战马 5 匹及鞍具等多付。

副营长马某（东乡人）、连长马长寿膝盖被敌砍掉，排长马占龙等负伤，我阵亡官兵仅 10 余名。

午后 3 时许，我方清理了战场，重新部署，准备进行再次战斗。这时，日军由开封增援大批步、骑、炮、坦克部队，大举进攻我阵地。在装备敌优我劣以及敌众我寡的情况下，我军命令各部暂行撤退至孔庄西北白马河、贾鲁河汇合处的有利地带，集结待命。正撤退间，日军以强大火力追击我军，上空敌机轮番起伏扫射、轰炸，形势十分危急。适逢我周口（黄泛南岸）驻守友军骑十四旅和周口防空部队以重炮和高射炮还击，才阻止了日军的疯狂进攻。

5 时许，我军重整旗鼓，进行反攻。后方增援步兵一个团，由第 3 旅第五团团长韩进禄率部抢渡黄泛，协力攻占孔庄东北一带村庄（系日军主力和炮兵驻地）。反攻开始，几经反复激战搏斗，日军不支败退，放弃炮兵阵地。我即占领炮点获得重炮两门，但在抢运中间，敌军施放大量毒瓦斯（催泪弹），并以小钢炮和轻重机枪密集火力反扑，战斗极度激烈。旅参谋长石景堂、营长梁某某（湟源人）、副营长何振德（贵德人）等负伤，炮兵阵地得而复失。我方伤亡颇重，暂行退守原地。

不多时，日军大肆焚烧了孔庄一带大片村庄。同时，日军用汽车灯和发射照明弹把整个阵地照得如同白昼。营长雷正鸿率全营迂回敌后，切断日军由开封至淮阳交通。军行半途，适逢日军增援骑兵在一村庄休息。我方出其不意，一鼓作气，全歼鬼子200多人，缴获战马50余匹、骑炮9门、骑步枪100余支及弹药、文件等。记得还有日文《三国演义》和《水浒传》等书。

我方只负伤10多名。我们将缴获战利品分别送交各指挥机关，也向青海送上10匹日本马及部分枪弹和日军战刀等。

时至午夜4时许，马彪师长来电，令：一，第五团团长韩进禄率该团将伤病员、战利品于明日拂晓（避免敌机袭击）安全撤退于黄泛南岸听候命令；二，3团团长李增荫率其余骑兵继续在敌占区进行游击，听候命令。

经17个昼夜，3团转战游击于淮阳县城西南的柘城、鹿邑、太康、杞县等地区，与日军零星骑兵和汽车兵进行过多次战斗，双方均有伤亡。

至10月上旬，我游击部队奉命渡返黄泛南岸，归还建制，集中在项城县水寨（师司令部所在地）休整。

战后，来自淮阳城内我方坐探可靠消息，日军铃木支队司令被我击毙。官佐和曹长（班长）以下兵士阵亡300余人，将其尸体摆置在城内成城中学的中山堂内，正在分别处理火化，装骨灰盒，做"无言凯旋"的善后工作。

是役深得诸上级嘉奖，国民党军事委员会政治部派出慰劳团携大批后方同胞的慰问信和多种慰劳物资来师慰劳，并颁发参战营级以上奖章多枚（图案是一幅中国地图上站立一右手持枪高举的战士，右上方题有"民族至上"四字）。

青海马步芳派副官长马丕烈率各界代表组成的慰问团来部慰劳。他们携有马步芳本人致全体官兵的慰问信及青海各界同胞的信件和大量土特产品。在水寨，由当地民众自行发起举行了盛大的"抗日骑兵师阵亡将士追悼大会"。淮阳、项城、商水、沈邱、扶沟、西华等10余县民众均有代表参加。

马秉忠旅长尸体按回教葬仪（水寨有清真寺）葬于项城县属水寨集南里许处，并树立石碑，由秘书长丁元杰撰书简历于碑后。碑面上书有"陆军骑兵暂编第1师第2旅少将旅长马秉忠之墓"的字样。对于营长李国勋尸体师部曾派员去万寨搬运，因当地百姓已以盛仪埋葬，欲再次迁搬，百姓们说："李国勋营长是个好营长"，无论怎样也不让搬走，要留着让万寨人世世代代纪念他。闻之感人，为此也就顺从民情，后将马秉忠旅长遗像悬挂于洛阳长官部中山堂内。石景堂赴洛阳开会时曾亲眼见到。

第二年夏初，我师奉令将全师调至豫西、舞阳、叶县整训。师司令部及第1、3旅驻叶县卧羊山附近，第2旅驻舞阳县整休。

（三）豫东淮阳第二次战役（宝塔阵地）

1942年3月上旬，马彪师长奉命派遣一个团渡黄泛北岸，在有利地带构筑工事，伺机袭击或牵制当面（淮阳县城）之敌。

由2旅2团长马成汉率2团（编为徒步）并师部直属工兵营协助。经8天时间，筑成了具有攻防能力的强固阵地。

同月下旬的一天拂晓，敌军集结豫东各据点兵力大举进攻我宝塔一带防御阵地。日军先以飞机狂轰滥炸，继以重炮轰击。我军虽有伤亡，仍沉着掩蔽，等待战机。随后，敌坦克掩护步兵攻进我阵地前沿时，中我埋藏的大量地雷（美制踏雷）和整束手榴弹及设置的陷阱等，造成沉重毁击。同时我阵地亦被摧毁过半。我方处在背水面敌的形势下，官兵都具有战斗到底的决心。战斗持续了6个多小时，双方均有伤亡。我方有官兵10多名不愿作俘虏，投身黄河，壮烈牺牲。

我师前线指挥官第1旅旅长马元祥率一个骑兵大连抢渡黄泛，增援马团。

是日午后5时许，敌以步、炮、空、坦克各兵种联合以优势兵力开始反攻。我方坚持战斗一时许。敌军坦克部队突破我阵地中央地带，我方为了避免无代价牺牲退出阵地，马匹武器丢失过半，人马伤亡惨重。敌将我丢失武器悉数焚毁。同时，敌将我100余匹青海战马集中起来，全数扫射击毙。我官兵无不痛哭流泪。

黄昏，我军渡返黄泛南岸，在熊楼附近休整（指挥所所在地）。

补充营郑营长临阵退缩，被马元祥旅长当场击毙示众。

是役马元祥旅长臂部受伤，也是我师出征以来人马伤亡惨重、令人悲愤的一次失利战役。

我们分析了作战失利的原因：一是出征几年来，在历次战役中曾有过战绩，屡受诸上级嘉奖和民众赞扬，因而官兵有骄傲心理，轻视敌人，真是"骄兵必败"，古有明训。二是"背水之战"为兵者所忌，已载诸史册。我军在黄泛彼岸构筑自以为具有攻防能力的防御阵地，并未考虑到背水面敌。且敌人有强大的装备优势，我们更没想到自己弱点在于缺乏防御性武装，就连一门曲射炮（迫击炮）都没有，步枪、轻重机枪能顶事么？"知己知彼，百战不殆"，实为兵家名言。三是光凭热血报国、英勇拼命，而无周密谋略是不可能致胜的。

……

（五）涡河岸边的龙亢战役

1940年7月间，我暂编骑兵第1师由叶县奉命移驻豫、皖边界的临泉、沈邱地区，整编为陆军骑兵第8师。稍事整训后，即归第五战区九十二军李仙洲指挥。8月，奉命进驻涡河，接受涡阳、蒙城、怀远一线的防卫守备任务。涡阳附近的我军与陆军步兵第21师师长侯镜明联防协同作战。我师与21师经常派出步骑兵配合的小部队向宿县、固镇方面的日伪军进行奇袭，阻扰敌人的活动和运输，多次炸毁日军铁路线上的碉堡，敌伪甚感恐慌。当时，我军得悉敌情，日军准备大规模向我涡阳、蒙城进行"扫荡"。我师和侯师均有周密的部署，积极修筑坚固的防御工事。师长马彪亲临布防，师参谋处长谢尔升随行协助。他俩命令第3团团长李增荫全团防守双涧集至龙亢镇之间的河防守备。龙亢镇位置在河溜集、双涧集中间，特别是该镇位于涡河右岸河堤下，为涡河北岸集市贸易的重镇，亦为当时的军事要地。所以，师部指示李增荫把主力摆在龙亢，后备兵力放在南岸，以便相互策应增援，再派师工兵连协助第3团一个大连构筑了坚固的防御阵地，并埋设地雷陷阱。李增荫坐镇龙亢。

时在1940年中秋之夜，趁我军民过节之际，日军六十师团派出陇海沿线连城、固镇、任桥、西寺坡、宿县等地的各个连队和伪军两个师步骑兵配合，在大炮、坦克、敌机轰炸、扫射掩护下，猛烈向我涡河沿线进军。敌以弯月形的阵势围攻龙亢镇。当天午夜至拂晓前，敌伪前头部队逼近我阵地前沿。哨兵开枪，日军发射照明弹、信号弹，顿时阵地如同白昼。敌军开始向我守军猛攻。敌机轰炸，重炮轰击，坦克反复冲击，轻重武器密集发射。时李增荫奋勇指挥。该团全体将士顽强固守，浴血战斗，双方拉锯争夺。战至黎明后，终因日军武器精良，敌坦克冲破我军工事。可是，敌人一辆坦克被我3团预设的地雷炸毁，敌一指挥官负伤坠马，敌准备撤退。马彪师长亲临督战，当机立断命令第2团轻骑迂回支援，奇袭敌人侧背。我3团残部重整旗鼓，奋力反攻。敌军受此挫，急忙夺路向蒙城西北方向溃退。敌退却时大放毒气，阻止了我军追击。此次战役，敌我双方损失惨重。敌伪军弃尸遍野，伤亡1000余人。我第3团和工兵连亦伤亡500余人，壮烈牺牲的连、排长军官10余人，伤残者不下50余名。

上述情况是龙亢战役前半段的情况。当敌军急忙向蒙城西北方向溃退时，我师急电告友军侯师堵击。侯师长即派出该师一个加强团，并配炮、工兵连在涡、蒙间西阳集附近的丘陵凹地埋伏截击。果然不出预料，敌伪军溃退到此。在当天下午3点多钟，敌军被我方侯镜如师突然包围，旋即展开肉搏厮杀。战斗一个多小时，歼灭日伪军各约一个团。余敌仍施放毒气、烟幕，分路经南坪集等处向宿县、固镇、蚌埠等地退去。侯师亦损失不小。龙亢战役到此结束。

此次战役，我骑 8 师和 21 师虽然伤亡惨重，但给日伪军以有力的打击，保住了涡河以南广大土地和人民的生命财产，颇受人民群众欢迎并得到上级的奖励。

（六）皖北涡河、颍河间的堵击战役

日军攻陷武汉以后，立即向我中原地区进行"扫荡"，企图打通平汉线，清除鲁、苏、豫、皖原野上的国军力量。我骑 8 师当时转战于豫东、皖北一带。敌人扬言要消灭马家军和我野战部队骑二军（东北军）、九二军、四十军及地方团队和游击部队。敌军为打通平汉线，从军事战略上考虑之，并策化——清除。一天早晨，我情报人员探知：日军驻蚌埠司令官冈村铃木四郎统率怀远、凤台、老田庵之日伪军 2000 余人，于拂晓前出发，经刘隆集、潘家集向西北方向、涡河以南淝河以北的狭长地带急进，企图以楔形战术直插我骑 8 师的心脏——师部所在地陆瓦房（清末督军陆建章的故居）。敌人欲捣毁我后方，歼灭我师司令部，再横扫右侧，举歼颍河以北的我师和友军。

当时，我师主力部队仍在涡河沿岸的涡阳、蒙城、河溜一线守备涡河河防。师长马彪亲率参谋处长谢尔升轻骑赴河溜一带视察布置防务。副师长孟全禄和 2 旅参谋长石景堂亦率轻骑去涡阳、蒙城、双涧集视察布置防务。当时，敌人声东击西，扬言再次由宿县来攻涡蒙。故师长、副师长等人亲赴防线布置。参谋长马仁在师部处理军务。当天，石景堂和孟副师长正在双涧集布防，上午 10 点多钟马参谋长来电说"凤台、怀远之日伪军于拂晓前出发，向我陆瓦房方向急进。颍河以北地区友军第九十二军傅立平师的两个团由副师长刘真岑和牛参谋长分别指挥，对西犯之敌侧袭堵击，步步尾追。"师长马彪根据敌情变化，当机立断，将龙亢以东、涡河南岸的后备兵力分别下达作战命令，对来犯之敌采取了堵击、侧袭、尾追的游击战术。敌人认为涡、肥两河间狭长空虚地带不会变成狭长的口袋。敌人的算盘打错了，其两侧、尾后均有我师和友军。敌知无撤退的回路，但仍继续拼命西进。

此刻，情况万分危急，马仁参谋长一面急电涡阳地区的友军侯镜如师长要求派兵堵击支援，一面决定避实击虚，立即转移部队。另派副官张国祥负责转移家眷和机要图纸档案，同时指挥师机动部队以猛烈的火力封锁阻敌前进。

时至夕阳将下，孟副师长和石景堂率蒙城附近后备部队赶到陆瓦房，即刻投入战斗。我堵击部队一听援兵已到，斗志倍增，阻击愈勇。敌锋一挫再挫，惊恐万状，敌深知已钻入我军的口袋阵地，也只好拼死突围。敌我混战，硝烟四起，飞沙走石，战斗在陆瓦房前面一带地方激烈展开。当时，石景堂亲眼望见围歼部队主力指挥官营长霍世奎赤臂督战，亲自架设轻重机枪，轮番扫射，掩护师司令部辎重及通信连撤退。暮色降临，霍营长等仍坚守阵地。敌人拼死突围，夺路西窜，向蒙城方向溃逃。但涡阳地区有我友军侯镜如师截击，敌人又丢盔弃甲，仓惶逃奔，当晚由蒙城西面的小涧集渡过涡河，经南坪集向宿县退去。次日，大雨滂沱，遍地成河，道路泥泞，日军士兵均穿大皮鞋，连泥带水，行路艰难，只好脱掉皮鞋扔于路旁，赤脚逃跑。此役敌人死伤惨重。我获敌伪武器弹药及军用物资为数颇多，但我方霍世奎营的官兵伤亡很重。霍营长负伤不下火线，坚守阵地，视死如归，战后受到上级的奖励。

马彪师长在河溜地区视察防务时，敌情突变，便当机立断，统率机动兵力侧击尾追敌人。他们整夜冒着雨水，驰骋于上面所说的狭长地带。这时，与师长失去联系的孟副师长和马参谋长等担心老将军恐遭不测，派人分头寻找。谁料，次日拂晓，老将军横挎大刀，大笑而归。

接着，李仙洲、傅立平等前来慰问祝贺。

（七）皖北攻克怀远县城战役

1942 年 9 月间，我师进驻皖北凤台县地区整训，师司令部驻陆瓦房。怀远县城驻有鬼子和鬼变子（伪军）。该县城依山傍水，深沟高垒，设置电网等防御工事，常年驻有重兵，形成津浦路宿县和蚌埠一线的前线据点，对我军威胁很大。

我师奉上级命令，对怀远之敌，伺机相应地不时袭击、阻击。

一天，马彪师长亲自指挥率领特务连及传令队，同时命令第 1 团团长治进全率部在县城北大桥一带布置防守，待机阻击增援的来犯之敌。又令第 3 团雷正鸿营长选精干人员 50 人（由营长亲率指挥）化装成进城赶集的百姓、商贩，暗携手枪、匕首等武器，随众进城。

水上（涡河）有我士兵暗携武器化装为渔民、船民，与当地渔民、船民合伙驶船，顺流而下，在县城旁待机策应入城人员行动。

时值午前 9 时许，集市正热闹时，我入城人员趁敌里外戒备疏忽之际，砍首刺杀城门守兵 3 名后，一齐拥上城楼，枪杀和刺杀了鬼子和鬼变子多人，活捉了日本鬼子铃木支四郎等 7 名。雷正鸿营长在城外布置有乘马，将俘获鬼子驮回，并焚烧城楼及敌武器、弹药和汽油等物资。

一时城内大哗，敌人仓惶失措，紧闭城门。城上其余守兵与城堡之敌和我城外武装渔民，相持战斗约 3 小时之久。随后，敌机一架由蚌埠方向飞来进行侦察、扫射。敌军又以步、骑联合兵种向我治团防守阵地进攻。我方正撤退间，升任不久的团长治进全（化隆人）不幸身负重伤，以身殉国。阵亡人员20余名。

是役，进行战斗时间不长，战果令人振奋，与日军作战，缴获武器尚易，而俘获敌人较难。原因是：敌配有强大装备，同时也配有较大运输动力。敌人作战来不及运走伤病人员时，即予以处死，或枪杀焚烧，决不留在战场上。此种残忍行为，令人寒栗。

（八）皖北、颍上、阜阳、临泉保卫战

1943年初夏，我师得战区指挥官汤恩伯特急令：着马步康师长即刻亲率精骑两个团兵力，阻击进犯我颍上县的日军，确保阜阳、临泉地区安全（阜阳系皖北军政要地，临泉是第一战区前方指挥所）。

奉令，我师立即整装由原驻地阜阳县属西马店出发，在阜阳东三里湾渡口夜渡沙河，向颍上县方向进发。师司令部及冶有禄团在离县城42里处地区村落宿营待命。

师部令第1团团长马受天率部接替正与日军接触激战的颍上县国民兵团的防御阵地。

当时，日军六十师团在津浦线上蚌埠一线结集了各据点兵力，配合有步、炮、空、汽艇等优势兵种，集中火力，猛烈进攻我阵地。我军沉着应战，击退敌两次疯狂进攻。同时，征集大量大小民用船只，在沙河下游下锚（以阻止日军汽艇，并以沙袋筑成船上防守工事，配有土炮多门），坚守阵地一昼夜。

翌日，敌机两架继续轮番轰炸、扫射我军阵地。地面以强大炮火摧毁我阵地。我方伤亡颇重，随即撤退到颍上县城。师部令冶有禄团增援两个连，协助马受天团共同固守县城。战斗持续了两个昼夜，经敌炮击和飞机的扫射、轰炸，我方工事摧毁大半。我方人马难以掩蔽，便奉命放弃颍上县城，退守距县城8里地的尤家花园一带村庄，加紧构筑工事，阻击西犯之敌。

我与敌接战后，固守尤家花园大半天，后不支退守附近村落，准备反攻。日军进占尤家花园。当时，我政治部主任兼副师长卢广伟（东北人，东北讲武堂出身）亲临前线指挥。

敌守我攻，在尤家花园形成了争夺战。敌机不断轰炸、扫射。敌汽艇因我方在沙河下游设置武装船民，严密监视，故未能越雷池一步。

我军以勇猛进击精神，几度攻近敌阵地前沿，均被敌强大火力击退。我方伤亡颇重，副师长卢广伟以身殉国，卫士2名阵亡于敌机炸弹下，冶团马连长及排长、士兵伤亡 100 余名。

战斗中，团长马受天在尤家花园西北角村庄一大柳树上，以轻机枪命中了疯狂俯冲轰炸的敌机。不多时，敌机机尾冒烟坠落在田家庵（淮河沿一煤矿区）附近。

我军官兵见自己的人马伤亡惨重，气愤异常，同仇敌忾，一鼓作气，又攻克了日军盘踞了一昼夜的尤家花园。从而日军士气大挫，退驻颍上县城附近。我方清理战场、转移伤病员时，当地民众大有"箪食壶浆，以迎王师"之盛况。特别是村民老少妇女们对我伤病员的亲切慰问和热情照顾（如喂水、洗脸、赠送鞋袜等）胜似亲人，感人至深。

值得一提的是尤家花园主人原系旧时军阀，其人当时在大后方（重庆）。尤家花园在皖北地区很有名气，花园管家自动交出各个仓库钥匙给我方军需人员，让我方尽量取用。并嘱千万不能要老百姓送来的东西，因百姓很困难。我军拒收百姓东西，而百姓们反说："你们吃不了，毁了也不给鬼子吃。"

是夜，无战斗。第二日拂晓，日军加倍兵力，反攻尤家花园，战斗极为激烈。以当时情况判断，固守阵地于我方不利。同时接到上级指挥所命令：着马步康师司令部暂撤退至阜阳东地带。战斗持续约 36 小时之后，我军便奉命撤退，是役历时两天一夜。

阜阳外围由九十二军李仙洲部十一、二路等友军防守。我军虽奉命渐序退至临泉地区整休，但日军仍未停止进犯，与守军展开了激烈的战斗。

是役我军以两个骑兵团兵力浴血奋战，阻止了西犯日军，坚持激战了 8 个昼夜，保卫了阜阳和临泉一带的安全。

（九）黄泛区抗日土炮队大显威力

1939 年秋，我师 2 旅接替原国民党第四十军庞炳勋部补充团，执行豫周口至槐店的河防任务。我基本上袭用原布置执勤。在缺乏新的防御武器条件下，征用民间古老的防守堡寨的大小土炮。并令各县自行编练土炮队，赶赴河防。组织有队长、炮手，都是精于炮术的老手，对队员要求严格，以防汉奸混入。经检查后，编成抗日土炮队。土炮的弹药由自己解决，办法是收集民间烂铁破铜，最好是破铁锅砸碎后的大小渣粒。

编成后，分别部署在主要渡口和据点，与我守兵共同协作，防御来犯之敌。

我们换防情况，被日军发现，连天派飞机一架，不时进入防守地区侦察，有时还扫射我河防守兵。

几天后一个拂晓，日军用汽艇（我们叫它橡皮筏子）20 多只满载全副武装的日军，由黄泛上游顺着白马河（周口北）进入贾鲁河与黄泛汇合处。上空有飞机掩护汽艇强渡黄泛，企图攻占我水上堡垒和万寨。万寨虽一弹丸之地，可在当时战略上占有极重要地位，关系到保卫华中西半部大片土地的重要作用，一旦被敌占据，许多国土将遭沦陷。

万寨是一个黄泛劫后幸存的小村寨，寨墙民房多半冲垮倒塌。剩余老少男女不足300人，青壮年约占三分之一，生活无着，全靠鱼虾过活。万寨地处在黄泛中心，像小岛形式。河面宽窄不一，最窄处五六华里，宽处九十华里。驻守万寨的是第3团第2营营长李国勋（湟源人）。上级命令：万寨决不能丢失，守防将士要与阵地共存亡。李国勋是久经战场、勤于思考、勇敢善战的一位营长。

抗日土炮队在这次防御战中大显威力。万寨军民在李营长组织指挥下，团结一致，加上抗日土炮队的协调配合，打得来犯日军落花流水。20多只小皮筏子、一百几十个鬼子兵全部葬身鱼腹，无一生还。我方仅略有伤亡。

告捷后，上级特为嘉奖，都说青海军打得好。对李营全体官兵，通令嘉奖，并发了许多慰劳品，以资鼓励。

小小的橡皮筏子，怎能经得住土炮队在近距离的射击威力呢？稍一冲破小孔，汽艇泄气，很快沉没，补救无法。结果敌军全军覆没。事后，获有情报说，鬼子没有弄清土炮是什么新武器，用什么战术，打得他们如此惨败，都说大大的利害。当时，洛阳第一战区司令长官卫立煌在这次战斗后指出："什么是新式武器？凡是能够打败日本鬼子，很快地把他们赶出中国的一切东西，都是新式武器……"

从此，我们把抗日土炮队作为河防的重要武装之一。

……

（十一）师的经费、人员、装备补给概况

一、经费：原军政部规定，暂编师系"委任经理制"部队。1937年至1938年秋，西安行营每月发给师的经费为41000余元（国币），给养、马干军饷一包在内，部队自行按市价采购。出潼关后，由洛阳第一战区每月发给经费50000余元。以后，随着通货膨胀，至最高峰每月发给本师经费高达六七百万元。

1940年，我师整编为陆军骑兵第8师。部队经费为军需独立制，简称"需独制"。同时，由中央军需署派来上校军需处长胡文杰（广东人，军需专才）主持师军需任务。从此，官兵军饷按中央正规军发放，但以八成发饷，美其名曰"国难薪"。当时，官兵也说："怪难心。"马干仍由部队自行采购，由驻地政府和人士组织"军民合作站"，地方协助部队采购办理。军粮（给养）由原中央兵站总监部按部队编制人员按月报发。每人每月原粮60斤，合面粉45斤（市斤）。军盐、马盐，每人每日三钱。

二、被服：自成军至编遣时期，一直由军政部军需署配发每人每年冬装一套，棉大衣按六成发，夏服长短各一套，还发有草鞋费若干。军毡、马匹、鞍具、蹄铁实报实销。

三、装备：经八年抗日，先后由军政部和各指挥单位（如西安行营、洛阳第一、二战区）共配发有席式转盘轻机枪66挺，马克沁轻重机枪16挺，捷克式步枪300余支，中正式步枪1000多支，捷克式轻机枪100余挺，地雷（多系美制踏雷）、手榴弹爆炸器若干，人马防毒面具1000余具。经淮阳第一战役，深感原有鬼头刀不适应对敌，自行制造马刀（较长，质量较高）3000多把，刻有"马到成功"字样。抗日胜利后，在徐州由指挥部发日式三八式步枪500余支。八年历次战役中，缴获各种武器弹药等无法统计。

四、通讯医药器材：全师原有收发报机5台，电话机30余座。后发给收发报机3台，电话机20座。医药多由本师从敌占区，如蚌埠、上海、徐州等地采购，有时上级也有补发。

五、人员马匹：青海先后补充马匹三次，1500多匹（不计出征时的马匹）。因青海是以马代丁的地区，故人员补充不多，500余人。八年中，由陕西省安康地区拔收新兵700名。后由河南项城、淮阳、汝南上蔡、新蔡、邱、商水等七县接收2000名。此外，还有自行参加本师的内地青年学生和壮丁300余名，还有中央分配给本师军校生17名（本师历年保送培训的不计），参谋、谍报、电务、卫生、爆破等9名。

······

（青海省乐都县政协文史委：《乐都文史资料选》第1辑，1988年4月印行，第20—52页）

8. 抗日战争中的骑 8 师

口述：张国祥　记录：吴景周　整理：王圭

我叫张国祥，男，1918 年出生，青海省乐都县碾伯镇人。我于 1937 年随国民党陆军骑兵暂编第 1 师东征抗日，1942 年 11 月离部队返乡。现将骑 8 师抗日的一些情况回忆如下：

1937 年夏，青海当局奉命，抽调部队东下抗日。马步芳抽调青海南部警备司令部所属的第 1 旅，在河西走廊驻扎的骑五军一个旅（该旅从河西先期开拔），征调了大通、互助、湟源三个县的民团，共计 8000 人，由国民党颁令其番号为暂编骑兵第 1 师，马步芳的堂叔马彪为师长，1940 年，改编番号为骑兵第 8 师。该部队的民族有汉、回、撒拉、东乡、保安、藏等民族，信奉伊斯兰教的占多数，日伪称这支威震敌胆的河湟铁骑为"马回子军"，对其戒备甚严。

1937 年 9 月 19 日（农历八月十五），该师从西宁开拔东下，西宁地区的父老乡亲们倾城出动，欢送出征的健儿，父嘱子英勇杀敌，妻嘱郎立功疆场，场面极为热烈感人。全体官兵精神抖擞，斗志昂扬，立誓要杀敌立功，绝不给青海人民丢脸！充分表现出了中华民族不可辱的民族气节，抗日救国的坚强意志。

该师于当年 10 月到达陕西，防守黄河河防，于 1939 年调往河南，1940 年调往安徽，在抗日前线，和日军血战八年，屡建战功，所历战斗如下：

1. 在陕西商县，剿灭日本特务所操纵控制的白莲教，确保了战略公路西荆公路（西安—荆州）的畅通。

2. 在豫东鄢陵、扶沟歼伪军曹拾义部大部，创出了我军只伤亡 27 名的战例。

3. 豫东淮阳第一次战役（孔庄、万寨），此役战斗格外激烈，我军少将旅长马秉忠（西宁城北二十里铺人），营长李国勋（湟源人）不幸阵亡。日军铃木支队司令被我军击毙。

4. 淮阳第二次战役，此役我军损失惨重，十余名官兵视死如归，宁死不当俘虏，集体投河以身殉国。

5. 涡河岸边龙亢激战，此役由日军驻蚌埠司令官冈村铃木四郎率日、伪军 2000 多人，置左、右不顾，插入涡河以南，淝水以北的狭长地段，快速急进，欲突袭骑 8 师驻在陆瓦房的司令部。我军和友军，前堵后追，左右夹击，鏖战八昼夜，打得敌人丢盔弃甲,适天降大雨,道路泥泞,为逃得快些,日军将脚上穿的大皮鞋脱下扔于道旁,光着脚逃跑,可见其狼狈之相。此役日军死伤惨重,骑8师获敌武器弹药颇多,大获全胜。

还有攻克怀远县城战役,阜阳临泉保卫战……不再一一列举。八年内骑8师铁骑驰骋豫、皖,大战十多起,小战百多次。据有关资料统计,共歼灭日、伪军12000余人,骑8师也损失较重,其中六成以上是河湟子弟血沃中原。

日军装备精良,有飞机、大炮、坦克配合作战,而骑8师装备极差,起初只有汉阳造步枪、大刀,一个连只有轻机枪三挺,被视为珍宝。以劣势的装备和优势的机械化军队作战,骑8师在防守区未丢失国土一寸,全凭的是民族气节和英勇献身的精神。骑8师军纪严明,从不扰民,因之得到战区民众的爱护和支援。历年来河南是兵祸不断之地,当时除日本侵略者外,河南民众尚有四种灾祸,即:"水、旱、汤、蝗"。汤指的是国民党战区的司令官汤恩伯部队,河南民众对汤部恨之入骨,有"宁让鬼烧杀,不叫汤恩伯扎(驻扎)"的民谣。但对骑8师爱护有加,处处协助支援。马秉忠旅长牺牲,在水寨举行"抗日阵亡将士追悼大会",豫东淮阳、项城……十余县民众,自发性的赶来参加。3团二营营长李国勋,在万寨牺牲,当地民众对他盛仪厚葬。后来欲将李营长遗体迁走时,当地民众不让搬迁,苦苦哀求说:"李营长是爱国爱民的好营长,就让他留在万寨,让万寨人世世代代纪念他,祭祀他"。每次战斗,民众都主动抢救收容伤员,喂汤喂饭,洗擦身体,赠送鞋袜,感人之事,处处都有。

临泉保卫战,部队在尤家花院,主人系旧皖系军阀,已迁往重庆,留守的管家找到我军需人员,主动将多处库房的钥匙交给我军,库房粮食、布帛让我军尽量取用,并嘱不能要老百姓送来的东西,因为老百姓很苦难。而老百姓反说:"我们送来的东西,你们若不吃,毁了也不留给敌人吃。"

军民一家亲,民拥军,军爱民这是取胜之道。谁真心抗日,谁消极抗日,老百姓心中有杆秤。

特别应该提出的是骑8师在皖北,新四军在皖南,两军防线相接,不但不搞磨擦,而且马彪派出联络人员,去见新四军四支队司令员彭雪枫将军。彭司令为了团结这支抗日劲旅,答应互通情报,联手抗日,彼此关系十分友好,彭雪枫将军赠给骑8师僧帽牌自行车20辆。骑8师回赠战马十匹,武器弹药一部。后来双方根据所需,委托对方代购物资,如布帛、药品等。

1939年10月淮阳战役,彭雪枫将军率主力6000人,出击敌人背后,在新四军有力支持下,骑8师大获全胜。骑8师进驻蒙城后,1旅被日军咬住,几次突围未果，局面十分危急，新四军 4、5 旅及时赶到，重创日军，挽回败局，反败为胜。这就是说骑 8 师一些战役，是在新四军强有力的支持下，国、共两党共同谱写的胜利篇章。因此骑 8 师背上了通共的罪名，被调至皖东，与新四军隔离。

抗日战争胜利后，国民党拟将骑 8 师调往山东打内战。全体官兵拒绝去山东，以血战八年，师老兵疲，元气大伤，官兵们思家心切，急待休整等为由，经获准从安徽经河南撤到陕西富平。最后至甘肃永登被遣散，骑 8 师就这样消失了。此时师长是马步康。马彪师长受马步芳排挤中伤，客居在西安。

这支以河湟青年为主的热血健儿们，走完了八年抗战的辉煌历程。

令人欣慰的是河湟人民及中原人民没有忘记骑 8 师和马彪师长。中国共产党肯定了骑 8 师和马彪师长的抗日功绩，给予了应有的评价。

（青海省西宁市城中区政协文史委:《西宁城中文史资料》第 17 辑,2005 年 12 月印行，第 29—31 页）

9. 青海骑兵师东征抗日记（节录）

石景堂

我叫石景堂，男，青海省乐都县老鸦镇人，1937年参加抗日，曾任国民党陆军骑兵暂编第1师（后整编为骑8师）营长、副团长、兽医处长、上校参谋长等职，抗战胜利后回乡务农。现将骑兵师东征抗日的某些情况回忆如下：

（一）骑兵师的组成

七七事变后，由于全国抗日运动的高涨和各族各界群众的大声疾呼，蒋介石国民党政府被迫命令青海马步芳迅速出一个骑兵师开赴抗日前线。编制为陆军骑兵暂编第1师，师长一职由久经战场的马彪将军（曾参加过抗击八国联军，反击英藏军的青藏战役）担任。全师辖三个旅，由马步芳出两个旅，甘肃武威马步青（马步芳兄）出一个旅。马步青派出的旅，旅长由马禄副师长兼任。该旅在武威编制就绪后，于8月上旬提前出发，经兰州、西安，出潼关，驰援开封。将及中牟，开封已陷。该旅在国民政府第一战区司令官程潜将军的指挥下，协同友军和当地团队迂回袭击兰封之敌，与日军拉锯肉搏，转战于陇海路南睢、杞县、太康、柘城、鹿邑一带。约10月底，调驻郑州以西黑石关一带，整训待命。1938年2月份，该旅奉命入关，驻三原、泾阳、耀县、富平、北同官（铜川）等地，编为骑兵暂编第2师。

青海两个旅，经月余时间才编制就绪，以原青海南部地区（玉树）警备司令部所属两个旅为基础组成。原第1旅旅长马彪升任为暂编骑兵第1师中将师长。第2旅旅长马元祥调任为暂编骑兵第1师第1旅少将旅长。不足兵额由大通县民团补充440名。其余部分由青海省会警察局人员和志愿抗日的青年学生及机关单位职工若干名编入军队，有的充任官佐。马禄为第2旅旅长。第3旅旅长为马秉忠。该旅第3团团长李增荫（湟源人，系资本家李跃亭三子),官兵均系原湟源县民团，人马各800余，还有少数枪支。民族成分主要是汉族，只有少数是藏族。由马思融（东乡族）为团长的第4团，原系新编第二军独立骑兵团，由临夏整编调青。

1937年9月1日，农历中秋节，全师（马禄旅由武威已东进）接受各界民众团体及马步芳等人的欢送，从西宁东校场出发，奔赴抗日前线。经兰州时，受到西北行辕主任贺耀祖及骑五军军长马步青和各界民众的热烈欢迎和欢送。23天后，经平凉到达西安。师司令部驻乾县,第1旅驻咸阳、兴平等地,第3旅驻礼泉县境。军行所过,纪律严明,深受沿途民众的称赞。

师的兵源纯系青海、甘肃河西和临夏等地善良百姓的青少年,有汉、回、藏、撒拉、土、东乡、保安、蒙古等民族。武器装备落后,马步芳将原来较好武器悉数换为过时的湖北造、川造、太原造、巩县造七九步枪,有部分老毛瑟枪和几挺马克沁轻重机枪。此外,还有鬼头大刀、红缨枪等。服装方面,除每人身穿单粗布军装外,发有皮褂、毡袄、罗蹄(布长腰皮鞋)等。

(二)开赴陕西关中和陕南一带

我师自青海出发时的任务是解围山西大同,但到陕西时,太原、大同相继失守。我部长途行军,需要休整。

1938年春,奉西安行辕主任蒋鼎文命令:着马彪师担任临潼、渭南、华县东泉店车站以西铁路安全防务。师司令部移驻临潼。第1旅驻临潼渭南各车站。第3旅接第1旅防地至华阴东泉店车站。潼关内外重兵防守,关外有我骑兵一个大连驻阌乡大党车站附近机动使用,严密戒备以防日伪军偷渡奇袭。

同年约4月间,西安行辕命令我师抽派相当兵力保护西荆公路(西安至荆州),确保华中地区军事物资运输供给。第2旅旅长马秉忠率第4团由兰田进入终南山区,经秦岭、兰关、黑龙口到商县。旅司令部驻商县城中,部队分驻公路各重要地区。

不久,有情报获悉:龙驹寨一带的华山寺、二龙山等地,有日本浪人化装为华人,纠合有汉奸参加的白莲教匪徒1000余人作乱。当时情况是,由一些道士出面(当地称妖道)专以邪术诱骗蛊惑善良百姓,妄图建立封建王朝体制。他们定"宣德汉明"为国号。官服着黄马褂。兵勇为黄坎肩,镶以黑边,画有太极图形。使用武器有剑、刀、枪等,贴以黄表纸咒符并制有龙虎大旗。教徒扬言刀枪不入。他们不时结伙出没于西荆公路,拦路抢劫物资,严重影响我华中地区军事补给。是役由师长马彪亲率师属部队进剿妖匪,未及一天时间,一举歼灭全部匪徒。从此,百姓安居乐业,欢欣异常,西安行辕通令嘉奖。

1938年秋,从甘肃武威骑五军马步青部抽调的两个骑兵旅与原第2旅合编为中央陆军骑兵暂编第2师。师长由马禄担任,归胡宗南指挥,该师仍驻防陕北边区与八路军长期对峙。马禄系帮会头子,在禁运方面始终处于和缓状态。同时,由青海马步芳增补一个骑兵旅,以补马禄旅缺,称为暂编1师第3旅,由旅长孟全禄率军抵陕。

（三）在中原战场上

1938 年初夏，蒋介石电令马彪师与原驻咸阳地区东北军骑兵第二军何柱国部（辖骑兵第 3 师、第 6 师），出潼关到河南驻守郑州东北花园口，加强郑州东南尉氏、洧川、鄢陵、扶沟、西华一带黄泛河防守备。师司令部先驻许昌塔湾，后驻许昌五女店，归郑州第三集团军总司令孙桐萱指挥。黄泛河防由李宣德部接替。

1939 年 10 月间，马彪师又奉命移防豫东周口，接替原国民党第四十军庞炳勋部河防任务（庞系冯玉祥的部属，在中原战场上是一支能攻能守的劲旅，一支军纪严明的部队）。防地从周口东李埠口始，经水寨至界首。该地系豫、皖分界处，驻有原国民党西北军冯玉祥部下安树德（字俊才）为司令的警备部队（安系穆斯林，1938 年随孙连仲来过青海，时为旅长职）。全师防线长 130 余华里，为黄泛区域。师司令部同第 1 旅驻项城县属的郭平楼，后移驻水寨。

第 2 旅接替庞炳勋部李埠口至槐店一线，旅司令一部和第 3 团驻新店附近。第四团驻守槐店一带，团部驻槐店（李鸣钟公馆，李曾任过绥远督统等职）。第 3 旅衔接第 2 旅防地至界首防务，旅司令部驻界首。

周口驻有原国民党骑兵第 14 旅张占奎部，其装备较我优良，人马稍差。周口还有飞机场，有少数空军及防空设备。

周口是豫东军政重镇，在军事上占有重要地位，一方面可以牵制和监视津浦日军，一方面可与武汉部队配合策应，袭击和阻击日军渡河西犯。我骑兵兵源较少，除在后方控制马匹及后勤兵外，时有防线过长、任务过重、装备较差之感。记得出关时，由西安行辕配发俄制席式转盘轻机枪每旅二十二三挺，计每连仅发一挺，作战使用，效果很好，官兵视此为抗日珍贵武器。

河防构筑工事问题。经过黄泛后的地区，沿岸形成泥沼，河防构筑困难。前友军守备河防，是在寒冬季节借冰冻泥块填筑，勉能防守一时。当我旅接防，时值春暖，冰泥融化，沿岸仍成泥沼，构筑工事便成为一个大问题。

有鉴于此，当时洛阳第一战区司令官卫立煌遂召开各河防守备部队参谋人员会议，我参加了此会。经战区长官及参谋长郭寄峤等研究、总结，授以在泥沼地带构筑工事的有效措施，即"活动堡垒"。其制作办法：以 10 公分厚的木料做成因工适用长短大小的木板，在泥沼地掘一宽、窄、深、浅适度的地坑后，敷以木板。然后，再筑设有瞭望孔和射击枪口及通行道口的地下室，上覆木料并盖以能防炮弹的厚土层，将其设置于河防沿线各重要据点。这样，既能掩蔽自己，又能发挥火力打击日军。移防时，将堡垒木料一起运走，以备再用，故曰："活动堡垒。"

遵即实施后，由战区官员陪同苏联顾问来我河防视察，对"活动堡垒"给予很高的评价。

是年9月间，我第2旅旅长马秉忠奉命率一加强团渡黄泛区袭击淮阳日军，即淮阳第一次战役（孔庄附近）。1940年3月进行了第二次战役（宝塔一带）（两次战役战斗情况另述）。

经两次战役后，全师需要休整，调赴豫西舞阳、叶县整补，师司令部驻叶县卧羊山。黄泛河防由李宣德部接替。

（四）驰骋皖北

1940年7月间，全师移驻豫皖边界的临泉、沈邱地区。将原暂编骑兵第1师整编为陆军骑兵第8师。师长仍由马彪担任。副师长由马元祥担任，未久调回青海，遗缺由孟全禄接任。参谋长由马仁担任。全师辖三个团（整编中撤销旅的编制）和师直属部队。第1、2团是骑兵，第3团因为无马编为徒步团。

当时，我师属苏、鲁、豫、皖边区总司令部（汤恩伯为总司令）战斗序列，归十五集团军总司令何柱国指挥。稍事整训后，又转归九二军军长李仙洲指挥。部队分驻皖北的阜阳、涡阳、蒙城等县，防守涡河以南，沙河（即颍河）以北三角狭长地带，牵制津浦路沿线日军。我军不时奇袭，炸毁敌占区铁路、公路、桥梁等，给日军机械化部队行动上以不利，故日军对我戒备甚严。

1940年秋，我师驻守涡河沿线防务，即蒙城、龙岗至河溜集。师司令部驻陆瓦房。当年农历8月中秋，曾与日伪军发生过激烈的防守反击战役。

……

1985年7月

（青海省乐都县政协文史委:《乐都文史资料选》第1辑，1988年4月印行，第5—19页）

10. 抗日战争中的青海见闻琐记（节录）

魏明章

我叫魏明章，男，1921 年 10 月出生于青海省西宁市，1949 年前在《青海民国日报》曾主编《沙驼》《海洋》等文艺副刊，1949 年后历任政协西宁市委员会第七至第十一届委员，文史资料委员会副主任、副主编，《西宁市志》编委会委员、顾问。

……

今年是中国人民抗日战争和世界反法西斯战争胜利 50 周年。50 年前青海人民在抗日战争中的一些史实如今仍令我记忆犹新。现根据我亲见亲闻作一简要回顾。

在抗日战争期间，青海虽地处祖国的大后方，但各族人民团结一致，同仇敌忾，为了争取抗战的早日胜利，在军民"前方少流血，后方多流汗"的共识下，努力生产，支援前线。如送壮丁、交军马、运物资、供粮食、捐献资金、修筑战备公路、防谍除奸、宣传慰劳和维护地方治安等，对抗战做出了应有的贡献。同时，无数军民为抗战而献出了自己宝贵的生命，谱写了一首首中华儿女的报国曲。

……

（三）河湟健儿出师参战（1937 年 9 月—1945 年 3 月）

抗日战争开始后，青海军队广大官兵即通电全国，"请缨抗战"。国民政府即于 1937 年 9 月调我省暂编骑兵第 1 师共 8000 余人马出省参战，进驻陕西兴平等地待命。

1938 年 2 月，暂编骑兵第 1 师奉命移防临潼。其第 2 旅（旅长马禄，原马步青部）被调往河南兰考一带驻防。师长马彪派部队至晋南芮城一带奇袭运城日军。"迭在前防歼灭西侵之敌"。

同年 9 月，马彪师进驻河南守备许昌等地。继又进驻黄泛区的尉氏、扶沟、西华等地。在尉氏以南地区征讨顽敌，剿灭日军甚多，得到国民政府军事委员会的嘉奖。当时驻该地区的骑兵师有人马 4500 余。

1939 年 2 月，该师东调至淮阳水寨，守周口至界首一带的黄泛区。其主力驻项城，与驻守淮阳的日本侵略军作战，日军配合各种兵种集中进犯，守军第 2

旅马秉忠旅（马系今西宁市下孙家寨人，回族）率部渡河，进驻宝塔、孔庄一带，进军围困了淮阳城。日军800余人自开封大举进攻河防阵地。9月上旬的一天，旅长马秉忠亲率一个团，与孔庄来犯的敌军展开白刃战，不幸突中敌人的子母弹，壮烈殉国。营长李国勋（青海湟源人）、连长赵清心亦壮烈牺牲，营长车进椿身中四弹，死而复生……马彪闻讯，即派3旅5团前来支援，终于击溃敌军。这一役，我军消灭日军300多人，击毙日军支队司令铃木，缴获大量军用物资等胜利品。我军亦有200多名将士阵亡。

同年4月，该师韩进旅团长将伪军李国材部全部争取收编过来，并缴获胜利品多种。青海省抗敌后援会据报后，电汇4000元，慰劳分发各将士。

10月，该师奉命改编为骑兵第8师。后在抗日前线屡立战功，为国家争了光，为青海各族人民争了光。如在宝塔战役中，百余名官兵因弹尽援绝，不愿被俘受侮，集体投水自溺，壮烈捐躯。

1940年9月，在安徽涡阳龙岗镇战斗中击毙日军众多。此后，安徽地区的日军闻风丧胆，不敢轻举妄动，称骑8师为"马胡子军"。

1943年至1944年，与日军中原大战之中，骑8师参加了保卫阜阳的战役，副师长卢广伟等壮烈牺牲。

在八年抗战期间，我河湟健儿转战苏、鲁、豫、皖边区，不惜流血牺牲，与日军浴血作战，伤亡近万人，直到1945年9月，日本无条件投降。胜利前夕，原出征的青海籍士兵已所存无几。

……

（二）全省发起献金、献机、捐寒衣、寄慰问信活动

……

1938年9月，为响应武汉各界征信运动，全省同胞，各个团体，不分男女老幼，一致动员，纷纷写信慰问抗日将士。全省征求慰问信5万封，后将慰问信交青海省立女子师范学校，统一收齐转交前方。

1938年10月，发动征募出征将士寒衣运动。本省人民各方征集寒衣材料羊皮10万张，送往前方，作为官兵御寒过冬之用。

……

1942年8月，蒋介石到青海视察时，青海蒙藏王公千百户及塔尔寺僧众为抗战捐献军马3000匹，马步芳也以自己名义献军马500匹。1943年，青海省认购胜利公债100万元和青海省救国公债50万元。

以上是自抗战发生后，青海各族各界对抗战作出的贡献。

……

（八）日军飞机轰炸西宁（1941 年 6 月）

1937 年 8 月，本省为巩固省垣防空起见，成立了青海省防空司令部。马步芳兼任防空司令，业务属省会警察局具体办理。在西宁四大城门楼上各悬大钟一口，作为防空警报器，并组织省会防护团主管防空时的交通、消防、救护等事宜。当时，西宁城垣城门仅有四处，遇有敌机空袭警报发生，群众往城门外疏散有诸多不便。因而在西宁城墙四角增开城门四处（即今大同街、斗行街、前营街、水井巷）、东关增开两处（即今花园北街、南街）。

当时，日军为了切断我后方的支援，对我西北战略重镇兰州进行了疯狂的轰炸，其程度仅次于重庆。

当时的西宁也曾数遭日军飞机空袭，群众每天忙于跑"警报"，生产生活受到了很大的损失。1940 年冬，敌机 48 架从甘肃武威方向窜至西宁上空侦察，但未投弹，旋即窜往兰州上空进行轰炸。1941 年 6 月 23 日中午，敌机 39 架次由山西省运城起飞，9 架袭天水，3 架袭兰州，27 架首袭西宁。当天中午一时许，敌机在西宁上空分成三个队形，从南面飞向西宁，开始在公安街（今文化街）、饮马街、玉井巷、法院街、观门街及湟水南岸的昆仑中学到乐家湾、杨沟湾一带狂轰滥炸。敌机又对我们疏散在湟中公园（今五一俱乐部一带）的同学们低空扫射。西宁城内顿时大火弥漫，血肉横飞，景象惨不忍睹。据有关方面统计，这次炸死炸伤 71 人（其中死亡汉族 33 人、回族 5 人、警士 5 人，受重伤灾民 12 人，轻伤 16 人），受灾户 160 户，烧毁房屋 530 余间，受灾机关单位 9 处。这是青海有史以来遭受外国军事侵略势力大规模袭击的第一次。

在当天敌机大轰炸时，西宁没有任何防空设施。轰炸后，当局立即组织力量扑灭了烟火，抢救了伤员，维持了炸后的秩序；并作了消防、医疗等善后工作。事后昆仑中学门前水渠和后门的磨沟里，捞出未爆炸的大小炸弹约 10 余枚，还有防空部门收缴到从街上拣来的 20 余枚，笔者所见上面都刻有"昭和八年东北造"等字样。

西宁经这次敌机空袭后，第八战区司令部始派防空高射炮兵一排进驻西宁，在重要地区布置防御。……

（青海省西宁市城中区政协文史委：《西宁城中文史资料》第 8 辑，1996 年 3 月印行，第 62—81 页）

11. 抗日战争中的空军大队长朱祥

朱世达

我叫朱世达，男，青海省西宁市人，1921年出生，毕业于中国国民党中央陆军军官学校七分校。抗战时期，我在国民党第五十七军河南前线作战部队任连长。抗战胜利后退伍返乡，曾在青海印刷局、省印刷厂、青海日报社工作，曾任西宁城中黄埔校友会联络组长、城中区政协委员。当时的空军大队长朱祥是我的同乡，他在抗战中壮烈牺牲的英勇事迹给我留下了难以磨灭的回忆。

朱祥（1916—1944），字子云，青海湟源县人，西宁中学毕业，考入中国国民党中央陆军军官学校，黄埔十期，南京本校毕业后，曾任排、连长之职。后又考入空军军官学校，毕业后曾任轻轰炸第八大队小队、中队、大队长之职。在抗战七年之中，他多次领队赴前线炸过日军军舰、炮艇、阵地，是一位忠勇双全的爱国青年，也是一位机智卓越的领队军官。

在后方他曾到玉树、竹结寺、门源等处修建过空军机场。在他的身上留有日军高射炮炮弹的弹片伤疤大小十多处。

自从河南、山西被日军占领后，他们驻防在兰州。当时日军攻打潼关十分凶猛。潼关如果有失，关中、西安、陕南、陕北就是战场。

当时在国共合作共同抗日的战略指导下，潼关守将胡宗南领军死守，与日军恶战近百次之多，我空军更为勇猛。国家正处在生死存亡的关头，我黄埔陆、空军学生，早已决心以死报之，在前线、在空中，前赴后继，勇猛杀敌，到处都有黄埔将士之血肉骨骸。他们和敌人拼杀，不成功，便成仁，真可谓是"战死沙场志已酬，为国尽忠壮山河"。

在中条山战役中，国共两党的优秀儿女死伤无数，也消灭了比我更多的日本侵略军。

我军退守潼关前，将河南峡县的兵工厂迁入陕西汉中，迁时将厂里的机床、材料全部运走，只有无法运走的几大堆各类弹壳，堆在那里如小山一样。可是，日军将沈阳兵工厂之一部分运到峡县，将兵工厂重建复工，很快开始生产各种轻、重兵器，准备全面强攻潼关。

日军空军连日由山西运城机场起飞轰炸我关中、大西北各大城市及重要军事目标，尤其是对潼关大山、包抬前山后山、黄河沿线阵地炸得更凶。其炸弹的来源都是峡县兵工厂所产。在这种形势下，西北军政长官朱绍良先后下令：派我空军前往河南峡县轰炸兵工厂。空军投弹高度为1万公尺，这次轰炸为了提高命中率，彻底炸毁敌人兵工厂，我轻轰炸八大队破格向目标俯冲2000公尺投弹。兵工厂被毁了，可我空军伤亡很重，当时第八大队的战术参谋说："生还的人都轻重不同地带了伤。"

朱祥右肺部、右肩中三块高射炮弹片，他身负重伤仍带队飞回兰州，立即被送进了空军医院。当天下午，由兰空派空军军车一辆把我和朱俭接赴兰州。在医院见到朱祥，我俩非常高兴。他亲口托付了三件事：

1．我死后把我的抚恤金全部分文不少的交给你在湟源的嫂子（朱祥夫人），因为她为我生前死后都在守寡，我实在对不起她，更为难过的是没留下一男半女，他说着泪流满面。

2．你（指朱俭）好好孝顺伯母（指朱锦屏的夫人），要她不要太伤心，我再也见不到她老人家了。

3．你（指我）为部队买马回去后，必须好好练兵，死守潼关。

当夜10点动手术取出了三块弹片，凌晨8点他那年轻的心脏停止了跳动。这次和他一同出征的共牺牲了16人。在那庄严而悲痛的追悼会上，朱祥身盖国旗。在烈士们的照片和灵柩前，战区长官朱绍良致悼词。会后朱祥灵柩运回西宁，葬在西山湾祖坟，时年他仅28岁。

朱祥是青海人民的好儿子，他用自己短暂的一生，谱写了一篇爱国主义的好教材。

（青海省西宁市城中区政协文史委：《西宁城中文史资料》第3辑，1990年10月印行，第68—69页）

四、大 事 记

1937 年

7月 七七事变的消息传来，青海各族群众群情激愤。在较短时间内，青海省人民抗敌救援会、国民精神总动员会青海分会、西宁教育界学生会、妇女会、工会、商会等各界抗日团体相继成立，开展多种形式的宣传和捐钱捐物活动。在八年抗战中，青海各族人民勤劳生产，支援前线。从 1942 年到 1945 年，供应军粮（包括征购、征借、委购）达 60 多万担。

9月 全国抗日战争开始后，蒋介石命令马步芳、马步青派 1 个骑兵师出省参加抗日。马步芳在青海南部警备司令部所属骑兵第 1 旅的基础上，将马步青部骑兵第五军的一部分和大通、互助、湟源 3 县民团组成暂编骑兵第 1 师，下辖 3 个旅，共官兵 8000 人（后补充青海士兵 500 人）、炮兵和驭手 300 人、马夫 120 人，由马彪任师长，于 9 月 1 日东赴陕西兴平等地抗日。

1938 年

4月 国民党军陆军骑兵暂编第 1 师马禄旅在豫东尉氏、扶沟、鄢陵和西华等县负责河防期间，击溃日军 1 个中队，全歼伪军 1000 余人。

9月18日 喜饶嘉措大师发表《告蒙藏人士书》，揭露日本法西斯标榜信奉佛教，却完全违背佛教教义，烧杀抢掠，放火放毒，危害众生之罪行。

同月 青海省支援前线捐羊皮 10 万张，交第八战区司令部。

11月2日 国民参政员喜饶嘉措在重庆对记者发表谈话，希望各民族精诚团结，一致抗战，并希望国人对边疆予以深切注意和帮助，使边疆成为强有力的抗日根据地。

是年 全国抗战开始后，文艺界知名人士著名作曲家王洛宾，音乐家王云阶、陈大铮，舞蹈家吴晓邦，歌唱家李朴园，著名电影导演郑君里，画家张大千、赵望云等先后来青海宣传抗日。

青海省为抗日前线征送壮丁 2500 人。

青海省支援抗日前线捐献金 5764.366 元，交第八战区司令部。

1939 年

1 月　从本月至 8 月底,青海省为抗日前线征送军马 500 匹,交贵德军牧场,为抗日前线征送壮丁 500 人。

2 月　青海省支援抗日前线捐献金 5099.46 元,解新生活运动总会。

4 月 24 日　在西宁受集训的蒙藏各族王公、千百户、活佛参加国民公约宣誓，一致拥护抗战到底，并统一参加国民党。

5 月 20 日　喜饶嘉措奉行政院令,组织抗日宣传团在青海各大佛教寺院宣传三民主义和抗战实情。

同月　青海省支援抗日前线捐献金 8243.4 元。

6 月 1 日　青海省政府第一次发行军需公债。

9 月 8 日　国民党军陆军骑兵暂编第 1 师派一个加强团兵力渡黄泛北袭击淮阳（陈州）县城日军,策应友军袭击开封附近之敌。战斗持续了 5 个多小时,马秉忠旅长以身殉国,时年 29 岁。营长李国勋（湟源人）亦壮烈牺牲,连长赵清心、排长郑成功、郑成仁兄弟（均系湟源人）等相继阵亡。营长车进椿、霍世魁（湟源人）及副营长、排长等虽负重伤,仍坚持战斗。这次战斗英勇牺牲的将士 200 余名,击毙日军 100 余人。与此同时,该师命令韩有才营迅速抢占孔庄以北的村落。经过与日军激战,副营长马某（东乡人）、连长马长寿膝盖被敌砍掉,排长马占龙等负伤,阵亡官兵 10 余名。午后 5 时许,该师反攻,旅参谋长石景堂、营长梁某某（湟源人）、副营长何振德（贵德人）等负伤,炮兵阵地得而复失。该师伤亡颇重,暂行退守原地。经 17 个昼夜,该师与日军零星骑兵和汽车兵进行过多次战斗,双方均有伤亡。是役深得诸上级嘉奖,国民党军事委员会政治部派出慰劳团来师慰劳,并颁发参战营级以上奖章多枚。青海马步芳派副官长马丕烈率各界代表组成的慰问团到部队慰劳。在水寨,由当地民众自行发起举行了盛大的"抗日骑兵师阵亡将士追悼大会",淮阳、项城、商水、沈邱、扶沟、西华等 10 余县民众均有代表参加。此次战役,歼敌 3000 余人,俘虏数十人,骑 1 师伤亡 2000 余人。

同月　青海省支援抗日前线捐献金 90593.138 元。

从本月至 1940 年 4 月底,青海省为抗日前线征送军马 1000 匹,交贵德军牧场。

10月 青海省支援抗日前线捐献金 94513.785 元。

秋 国民党军陆军骑兵暂编第 1 师 2 旅接替原国民党第四十军庞炳勋部补充团，执行豫周口至槐店的河防任务。在缺乏新的防御武器条件下，征用民间古老的防守堡寨的大小土炮。并令各县自行编练土炮队，赶赴河防。一日拂晓，日军用汽艇 20 多只满载全副武装的士兵强渡黄泛，企图攻占该师水上堡垒和万寨。万寨军民在李国勋营长组织指挥下，团结一致，加上抗日土炮队的协调配合，打得来犯日军落花流水，日军 20 多只小皮筏子、一百几十名士兵全部葬身鱼腹。该师略有伤亡。告捷后，上级对李营全体官兵通令嘉奖。

12月 黄泛区东的通许、太康地区日、伪军曹拾义部 2000 余兵力分路偷渡抢渡黄泛，大举向国民党军陆军骑兵暂编第 1 师河防守兵进攻。该师河防守军与之在白马庙、尹郭、北槽、南槽、马立厢、韩四营、因果寨等 8 个沿河（渡口）村寨相持激战了一天多。敌一半兵力被歼灭，另一半企图乘船东渡逃命。当时朔风劲吹，又加黄河冰块集聚，渡船行驶不前，多数敌军跳水溺毙，葬身鱼腹。余者皆被该师俘虏，有 100 余名。该师伤亡 27 人。

是年 青海省发放士兵牺牲、病故抚恤费 984 银元。

1940 年

2月 青海省支援抗日前线捐救国献金 9715.3 元。

5月 从本月至 12 月底，青海省为抗日前线征送军马 1143 匹，交贵德军牧场。

7月 国民党军陆军暂编骑兵第 1 师由叶县奉命移驻豫、皖边界的临泉、沈邱地区，整编为陆军骑兵第 8 师。稍事整训后，即归第五战区九十二军李仙洲指挥。

8月 陆军骑兵第 8 师奉命进驻涡河，接受涡阳、蒙城、怀远一线的防卫守备任务。时在 1940 年中秋之夜，趁该师军民过节之际，日军第六十师团派出陇海沿线连城、固镇、任桥、西寺坡、宿县等地的各个连队和伪军两个师步骑兵配合，在大炮、坦克、敌机轰炸、扫射掩护下，猛烈向涡河沿线进军。马彪师长亲临督战，当机立断命令第 2 团轻骑迂回支援，奇袭敌人侧背。该师 3 团残部重整旗鼓，奋力反攻。敌军受此挫，急忙夺路向蒙城西北方向溃退。敌退却时大放毒气，阻止了该师追击。此次战役，敌我双方损失惨重。敌伪军弃尸遍野，伤亡 1000 余人。该师第 3 团和工兵连亦伤亡 500 余人，壮烈牺牲的连、排长军官 10

余人，伤残者不下 50 余名。此次战役，骑 8 师虽然伤亡惨重，但给日、伪军以有力的打击，保住了涡河以南广大土地和人民的生命财产，颇受人民群众欢迎并得到上级的奖励。

是年　青海省发放士兵牺牲、病故抚恤费 3039 银元。

1941 年

6 月 18 日　日军飞机 48 架经永登侵入青海民和、乐都、西宁上空，未投弹便离去。

23 日　中午，日军飞机 27 架再次侵入西宁上空，在公安街（今文化街）、饮马街、玉井巷、法院街、观门街、湟水南岸的昆仑中学、韵家口、乐家湾、羊沟湾一带进行疯狂轰炸。敌机共投下炸弹 200 枚，燃烧弹 40 余枚，并用机枪进行低空扫射。这次空袭死亡 43 人（警士 5 人，其余均为平民），重伤 12 人（均为平民），轻伤 16 人（平民 7 人、警士 1 人、官兵 8 人），总计 71 人；受灾户达 160 户、民房 449 间，居民财产损失 119000 元；受损机关 9 处、公房 81 间，共计房屋 530 间。此后，青海省赈济会收到中央银行拨发及各界捐助的救济费 186500 元，为受害人发放抚恤金 65948 元，支付空袭药品药械及器材费 6682.04 元，为 160 户被害人民发放救济费 22290 元，为 9 处受损机关发放救济费 28000 元，奖励警察局长 2000 元，拨发难民寒衣费 10000 元；省司法行政部拨发疏散费、迁移费共 426000 元。

是年　青海省为抗日前线征送壮丁 474 人。

青海省发放士兵牺牲、病故抚恤费 753 银元。

1942 年

3 月上旬　国民党军陆军骑兵第 8 师师长马彪奉命派遣一个团渡黄泛北岸，在有利地带构筑工事，伺机袭击或牵制当面（淮阳县城）之敌。

下旬　某日拂晓，敌军集结豫东各据点兵力大举进攻国民党陆军骑兵第 8 师宝塔一带防御阵地。战斗持续 6 个多小时，双方均有伤亡。该师官兵 10 多名不愿做俘虏，投身黄河，壮烈牺牲。下午 5 时许，敌以步、炮、空、坦克各兵种联合以优势兵力开始反攻。该师坚持战斗一时许。敌军坦克部队突破该师阵地中央地带，该师为了避免无代价牺牲退出阵地，马匹武器丢失过半，人马伤亡惨重。

敌将该师丢失武器悉数焚毁。同时，敌将该师 100 余匹青海战马集中起来，全数扫射击毙。是役马元祥旅长臂部受伤，也是该师出征以来人马伤亡惨重、令人悲愤的一次失利战役。

8 月　蒋介石到青海视察时，青海蒙藏王公千百户及塔尔寺僧众为抗战捐献军马 3000 匹，马步芳也以自己名义献军马 500 匹。

9 月　国民党军陆军骑兵第 8 师进驻皖北凤台县地区整训。该师奉上级命令，对怀远之敌伺机相应地不时袭击、阻击。一天，马彪师长亲自指挥攻打怀远县城战役，与敌军相持战斗约 3 小时之久。随后，敌机一架由蚌埠方向飞来进行侦察、扫射。敌军又以步、骑联合兵种向该师冶团防守阵地进攻。该师撤退时，升任不久的团长冶进全（化隆人）不幸身负重伤，以身殉国。该师阵亡人员 20 余名。

是年　青海省为抗日前线征送壮丁 905 人。

青海省发放士兵牺牲、病故抚恤费 81679 元法币。

自本年度始，青海省以征购、征借、委购等方式供应军粮，至 1945 年抗战胜利前，共供应军粮 600000 石。

1943 年

初夏　国民党军陆军骑 8 师在阜阳、临泉地区保卫战中伤亡颇重，随即撤退到颍上县城。在颍上保卫战中该师伤亡颇重，副师长卢广伟以身殉国，卫士 2 名阵亡于敌机炸弹下，冶有禄团官兵伤亡 100 余名。是役该师以两个骑兵团兵力浴血奋战，阻止了西犯日军，坚持激战了八个昼夜，保卫了阜阳和临泉一带的安全。

是年　青海省认购胜利公债 100 万元法币和救国公债 50 万元法币。

青海省为抗日前线征送壮丁 2130 人。

青海省发放士兵牺牲、病故抚恤费 50000 元法币。

1944 年

8 月　青海抗日战将马登云在湖南省境内与日军作战中牺牲。

11 月　青海省知识青年从军委员会成立，马步芳任主任委员，青海征集知识青年 1150 人，12 月在西宁集中，编成 2 个青年军营，赴汉中集训。后编入青年远征军第 206 师。

是年 在轰炸河南陕县日军兵工厂战斗中,国民党轻轰炸第 8 大队队长朱祥等 16 人牺牲。

青海省为抗日前线征送壮丁 6000 人。

青海省发放士兵牺牲、病故抚恤费 111583 元法币。

1945 年

8 月 15 日 日本无条件投降的消息传至西宁。当晚市民狂欢,高呼口号,鸣放纸炮。翌日清晨,各街巷悬挂国旗志庆,市民异常兴奋。9 月 3 日西宁举行庆祝胜利大会,会后游行,晚上举行提灯会。

是年 青海省为抗日前线征送壮丁 6000 人。

青海省发放士兵牺牲、病故抚恤费 744000 元法币。

1946 年

2 月 19 日 据青海省政府统计,青海省各机关学校县局抗战期内公私财产间接损失为 11547910343 元（折合 1946 年 2 月法币）,间接死亡 19 人,其中男性 10 人,女性 9 人。

（董秀章执笔；常东海修改）

后　记

　　《青海省抗日战争时期人口伤亡和财产损失》是中央党史研究室组织领导实施的一项重大的社会课题，是国家社科基金特别委托项目"抗日战争时期中国人口伤亡和财产损失"课题的组成部分，书中列举的基本事实，是侵华日军在青海犯下罪行的铁证。

　　从 2005 年开始，历经十年，青海省委党史研究室围绕这一课题，按照中央党史研究室的要求，组织专人开展了深入细致的调研工作。我们以实事求是的态度，认真负责地查阅和搜集档案文献资料、不同历史时期的报表、报刊资料，走访当事人、知情人、有关研究人员，记录整理证词证言，付出了艰辛的劳动。在各方有力的支持下，《青海省抗日战争时期人口伤亡和财产损失》一书得以编纂完成，这是对抗日战争时期青海省为国捐躯的英烈们以及在日军轰炸中伤亡民众最好的纪念，也是对今天反思历史追求和平的重要启迪。

　　《青海省抗日战争时期人口伤亡和财产损失》由李亚玲任主编、董秀章任副主编、常东海作修改及撰写后记，最后由青海省社会科学专家审定报中央党史研究室终审后完成。

　　由于这段历史年代已经久远，留存的资料不完整或已失散，本书编纂难免有疏漏之处。今后如发现新的资料可为证据的，我们将不断予以补充和完善。

　　课题组在调研期间，得到了青海省档案馆、青海省图书馆、青海省（及省内有关市、区）政协文史办公室、青海省社会科学院、青海日报社、西海都市报、青海省志办公室等单位的大力支持。在此，谨向所有关心、支持和帮助我们完成课题的单位和同志们表示最衷心的谢意。

青海省委党史研究室

2014 年 9 月

总 后 记

历时多年的《抗日战争时期中国人口伤亡和财产损失调研丛书》终于问世了。参加这套丛书编纂工作的，主要是承担《抗日战争时期中国人口伤亡和财产损失》课题调研任务的各省、自治区、直辖市及其下属市、县的领导同志和课题组成员，以及部分著名专家。他们以高度的责任心和使命感，竭尽全力，攻坚克难，终于完成了各自承担的任务，并按统一要求，形成了调研成果的 A 系列书稿。同时，有关省、自治区、直辖市还从实际情况出发，编纂了主要反映市、县调研成果的 B 系列书稿。由于各地情况不尽相同及其他原因，呈现在读者面前的丛书，将分批陆续完成和出版。

为了保证质量，我们对本丛书中由各省、自治区、直辖市完成的 A 系列书稿（即省级调研成果）实行了四级验收制，即：所有的省级调研成果，先由有关省（自治区、直辖市）课题领导小组及其聘请的省级专家验收组分别审读通过、写出书面意见；然后提交到中共中央党史研究室课题组。中共中央党史研究室课题组审读后，再聘请国内知名专家审读书稿，提出书面意见。对每次审读提出的意见，各省、自治区、直辖市课题组都认真研究落实，对书稿进行反复修改，或是说明相关情况，直到符合要求。由一批专家完成的 A 系列书稿（即带全局性的专门课题调研成果），也通过类似的办法验收。主要反映市、县调研成果的 B 系列书稿，则由有关省、自治区、直辖市党史研究室组织验收。各种调研成果验收修改的过程，同时也是调研的深化过程、提高过程。经过反复修改补充的成果，在质量上都有明显提高。

中共中央党史研究室课题组在中共中央党史研究室室委会和分管室副主任的具体领导下开展工作。中共中央党史研究室几任主要领导同志即曲青山和孙英、李景田、欧阳淞主任，非常关心和重视本课题调研工作的开展。分管这项工作的室副主任李忠杰同志始终严格把握政治方向，精心部署和安排，明确提出创建"精品工程、基础工程、警世工程、传世工程"的要求，给工作指明方向，还及时领导解决调研过程中遇到的种种困难和问题。各地同志和有关专家同中共中央党史研究室课题组保持密切联系，对中共中央党史研究室课题组的工作给予了积极配合和支持。

中共中央党史研究室课题组由李忠杰、霍海丹、李蓉、姚金果、李颖、王志刚、王树林、杨凯等同志组成。先后担任中共中央党史研究室第一研究部领导职务的黄修荣、刘益涛、蒋建农同志参与了课题调研和审改的部分工作。中共中央党史研究室科研管理部、办公厅的部分同志也参与了有关工作。特别是在北京市和山东省召开的两次全国性会议，中共中央党史研究室科研管理部、办公厅的有关同志自始至终参与了繁忙的会务工作，付出了大量心血和辛勤劳动。

在李忠杰同志直接领导下，中共中央党史研究室课题组承担了组织指导与协调推进各地课题调研和联系有关专家完成全局性专题调研的繁重任务。在人手十分有限的条件下，课题组同志们近10年如一日，以对民族负责、对历史负责的自觉精神，克服困难，埋头苦干，为圆满完成任务做了大量工作。计先后编发213期达60多万字的《工作简报》，同各省、自治区、直辖市的同志和有关专家进行了数以千次、万次的电话联系及当面沟通，先后到10多个省、自治区、直辖市实地调查、参加会议，了解情况，当面指导，协助各地完成调研工作，或邀请有关地方的同志到北京进行座谈；还组织22个省、自治区、直辖市课题组编纂《抗日战争时期全国重大惨案》，同中央档案馆联合编辑《抗日战争时期解放区人口伤亡和财产损失档案选编》，同中国第二历史档案馆、中国人民解放军档案馆联合编辑其馆藏的相关档案资料，撰写有关专题报告，等等。将近 10 年来，课题组成员虽有变动，但工作始终如一，没有延误和懈怠。

需要说明的是，《抗日战争时期中国人口伤亡和财产损失》课题，有时也简称为抗战损失课题或抗损课题。虽然有学者认为"抗战损失"或"抗损"通常只能反映抗日战争中财产方面的损失，人口伤亡不能称作损失，但考虑到当年国民政府习惯采用"抗战损失汇报"或"抗战中人口与财产所受损失统计"等表述，所以本课题参照前例，以"抗战损失"或"抗损"作为课题简称。

2014 年初，根据中央领导同志的指示精神和中共中央党史研究室室委会关于做好出版和对外宣传全国抗战损失课题调研成果准备工作的要求，我们组织部分省、自治区、直辖市的分管领导和课题组成员对已经印出样本的 A 系列书稿再次进行复审和互审，并邀请部分承担了抗战损失专题调研任务的专家参加审稿工作。这次集中复审和互审的主要任务是：审核已经印出样本的 A 系列书稿，对相关数据、史实严格把关，保证课题调研结论的真实性，保证书稿没有重大差错。中共中央党史研究室主要领导同志和分管领导同志也提出要求：把工作做得再深入、再扎实一些，统一规范，责任到人，把问题消灭在书稿正式出版之前。

在复审和互审过程中，地方同志和邀请的专家以多种形式及时沟通，围绕审稿发现的问题研究讨论，和中共中央党史研究室分管领导进行交流，对一些重要的共性问题达成一致。经过复审和互审，对有关的 A 系列书稿做出进一步修改。在此基础上，中共中央党史研究室课题组同志又对拟第一批出版的每一部 A 系列书稿进行多环节的审读、检查、修改、校对，严格审核把关，尽可能如实、客观地反映调研情况和成果。

中共中央党史研究室的其他同志及一些外聘同志、从地方党史部门借调的同志，如徐玉凤、谢忠厚、杨延力、郭明泉、戴思厚、王俊云、梁亿新、宋河星、毛立红、王莹莹、茅永怀、庾新顺、李蕙芬同志等，满腔热情地参加了本课题调研的部分工作。不论是调研选题的讨论、同有关各方的联络，还是资料的整理、归类、建档等，他们都付出了辛勤的劳动。

这里，还要特别感谢国家社会科学基金规划办公室、国家新闻出版广电总局有关领导和同志对本课题调研工作的支持和帮助，感谢有关部门对丛书出版经费的支持和保证。中共党史出版社的领导汪晓军以及陈海平、姚建萍等同志，也为这套丛书的出版花费了很多心血。

我们相信，本丛书 A 系列和 B 系列各卷的陆续公开出版，必将大大有助于抗战损失课题调研成果的推广利用，有利于固化历史，更好地发挥以史为鉴、资政育人的作用。但是，我们也深知，本课题调研迄今所取得的成果，还只是阶段性的、部分的、不完全的成果。在已经取得的来之不易的成果的基础上，今后，这一课题的调研工作还要深入不懈地继续进行下去。

中共中央党史研究室课题组

2014 年 4 月 30 日